Sé Sano ¡Ahora!

Mary Katherine MacDougall

Unity Village, Missouri U.S.A.

Diseño de la cubierta por Tom Hubbard
Fotografía en la cubierta (salto de agua Havasu, Arizona, E.U.A.), © J. A. Kraulis/Masterfile

Edición en español 1994

Número de la tarjeta del catálogo de la Biblioteca del Congreso: 93-61519
ISBN 0-87159-195-2
Canadá GST R132529033

Para Unity Books es un deber sagrado ser una presencia sanadora en el mundo. Al imprimir con tinta biodegradable de soya en papel reciclado, creemos que ponemos de nuestra parte para ser administradores sabios de los recursos de nuestro planeta Tierra.

Indice

I	La curación es posible: la curación es un derecho divino	1
II	Deseando estar enfermo	15
III	La prevención y la curación	27
IV	La curación: retrasada o incompleta; instantánea o completa	41
V	El templo santo: su cuidado	55
VI	La curación de los hábitos	67
VII	La curación de las relaciones	79
VIII	La curación de los recuerdos	93
IX	La curación de los fracasos	105
X	La curación de las finanzas	117
XI	La curación de los demás	129
XII	La curación puede ser permanente	143
XIII	Auxilios para la curación espiritual	153
	Los accidentes	158
	El alcoholismo	163
	Las alergias	167
	Los brazos, las manos, las piernas y los pies	169
	La artritis y el reumatismo	172
	La belleza y la juventud	174
	La sangre	178
	Las contusiones y cicatrices	180
	Los resfriados y virus	181
	La digestión	184
	Las drogas	186

Las emociones 193
Las epidemias 197
La fatiga 200
La fiebre 202
Las glándulas 204
Los tumores 206
Los dolores de cabeza 209
La sordera 212
El corazón 214
Las infecciones 218
El insomnio 220
Los pulmones y la respiración 224
Las deformaciones 227
La salud mental 230
Los músculos 234
Los nervios 237
El dolor 240
La parálisis 242
El envenenamiento 244
Los ataques 247
La piel 248
La fortaleza 251
La cirugía 253
Los dientes 256
La vista 258
El peso 262

XIV Cómo puede ser 265

Guía de estudio 273

I La curación es posible: la curación es un derecho divino

Nuestra vida está llena de necesidades de curación. Necesitamos curación de muchas maneras.

Hay ocasiones cuando necesitamos curación física. Algunas veces necesitamos sólo una leve curación, otras veces tenemos una condición crónica, y también hay ocasiones cuando nuestra necesidad es urgente e inmediata. Otros aspectos de nuestras vidas también requieren curación.

Estamos resentidos. ¡Cuánto necesitamos la curación de nuestros sentimientos!

Se rompe una relación y nuestra vida sufre altibajos. Nuestras finanzas a menudo sufren "accidentes". Pasamos muchas noches preocupándonos, temerosos, resentidos, lamentándonos, llenos de remordimiento, dispuestos a dar cualquier cosa para lograr la curación de las circunstancias o los hechos. Hemos nacido necesitando curación.

Los bebés lloran y sacian su hambre con

leche. Cuando los niños tienen temores o se lastiman, lloran para obtener la protección y presencia de uno de los padres. Siempre existe ese clamor por curación, esa búsqueda de alguien o algo, un cambio de circunstancias, una mezcla o un tratamiento mágicos, un milagro fuera de nosotros que nos cure.

A menudo en nuestro dolor, fiebre o pena añoramos el toque de Jesucristo o el roce del borde de Su vestidura. Deseamos haber sido uno de los muchos que fueron "tocados (y)..sanados". A pesar de la atención y asistencia médica, tenemos este verdadero deseo de algo más. Añoramos la Presencia sanadora y continuaremos deseando y añorando esta Presencia sanadora hasta que la encontremos dentro de nosotros.

Encontramos consuelo y algunas veces sanación al estudiar las curaciones hechas por Cristo. Nos alentamos con esperanzas en la posibilidad de nuestra propia curación, porque El curó "todas las enfermedades y flaquezas". Nos regocijamos con el ciego que vio, con el cojo que caminó, con el muerto que resucitó. Nos alegramos de que todo esto sucedió, pero parece que ocurrió tan lejos y hace tanto tiempo. Nuestra necesidad de curación es aquí y ahora. Sufrimos, sabemos que algo le pasa a nuestro cuerpo; la posibilidad de una curación espiritual no parece real. Aun cuando sabemos la Verdad sobre nosotros y nuestra relación con Dios, nuestro Padre, no la relacionamos con la posibilidad de curación y salud; sin embargo, ésta es la Verdad que sana.

Somos seres espirituales primero, antes de ser personas mentales, emocionales y físicas. Es este ser espiritual el que es siempre perfecto y completo, porque es el creado a imagen y semejanza de Dios. Este verdadero ser es el modelo para el ser físico; nunca puede ser lastimado y por esto el cuerpo físico puede repararse y restablecerse. El molde está allí. Nuestras oraciones y nuestros deseos proporcionan los materiales de construcción. Siendo que lo espiritual es el comienzo (el creador), la curación toma lugar a través de lo espiritual. Es tan simple como eso. Es difícil para la mayoría de nosotros comprenderlo porque estamos viviendo en un mundo material. Lo material y las apariencias y exigencias físicas acarrean la impresión de que el ser espiritual "no está allí". Sin embargo, él, nuestro ser espiritual, *está* allí. Esto constituye el tema principal de este libro.

La primera parte contiene relatos de curaciones en cada aspecto de la vida, tales como curaciones de hábitos, de malos recuerdos, de las finanzas, de la pérdida de fe, de nuestra relación personal con Dios, así como de enfermedades. Las personas cuyas historias se relatan aquí, encontraron que la curación era su derecho divino y que era posible lograrla espiritualmente sin importar la condición. Aprendieron el peligro de pensar en enfermedades; aprendieron a examinarse a sí mismas cuidadosamente para descubrir si podrían estar *queriendo* estar enfermas, si cualquier cosa en su manera de pensar atraía enfermedades. No sólo curaron condiciones indeseables sino que establecieron salud permanente. Aprendieron el significado de que el cuerpo es el templo del Dios viviente, que nuestro cuerpo es un Templo Santo. No sólo aprendieron a curarse sino a prevenir condiciones divergentes. Quizás lo más agradable que hayan descubierto es cómo ser un canal de curación para sus seres queridos.

La última parte del libro ofrece ayuda específica para una variedad de problemas físicos. Sugiere la causa espiritual y muestra negaciones y afirmaciones que son muy efectivas para la curación. Ambas son necesarias si vamos en busca de la curación. Necesitamos saber y poder reconocer las causas metafísicas de las enfermedades. Al conocerlas, es más fácil saber qué remedio espiritual se debe aplicar. Se incluyen afirmaciones de curación y verdad para dar ayuda e ideas, las cuales pueden usarse en cualquier caso que se nos presente.

Hay una tendencia en nosotros de titubear en aprender la curación espiritual, a pesar de nuestro deseo y necesidad de hacerlo. Hay varias razones para esta duda. Estamos conscientes de algunas curaciones que se han llevado a cabo por medio de la fe, o de que la curación se haya realizado en nosotros; pero las curaciones de las cuales estamos más al tanto (y creemos en ellas) son aquéllas que Jesús llevó a cabo hace muchos años. Hoy en día, muchas iglesias incluyen curación espiritual en sus programas, en comparación con los primeros años del cristianismo, y esto es maravilloso. A través de los años la mayoría de las iglesias ortodoxas han desconfiado de las curaciones de fe. En su lugar han promovido la idea de que hay mérito en el sufrimiento, que el dolor purifica, que el sobrellevar una aflicción santifica. Y a través de los años ha existido el sentimiento de que las enfermedades provienen de Dios, que se deben esperar las aflicciones físicas, no la curación y la salud. Se nos ha dicho a todos con un sentimiento profundo durante los tiempos de necesidad física: "Te sobrepondrás a esto, Dios nunca envía más de lo que uno puede enfrentar o soportar".

¿Qué clase de Dios sería ese? ¿Un Dios que pasa Su tiempo pensando en las posibilidades de sufrimiento y fortaleza personal? ¡No en vano ese Dios murió! No hace mucho tiempo una mujer llamó para pedir ayuda sobre una situación grave. Los doctores habían notificado a la familia que no había nada más que pudieran hacer por su madre. Seis años antes la señora había sido operada de cáncer y la operación había sido un éxito. La familia estaba jubilante. Ahora con este acontecimiento estaban a punto de perder su fe a pesar de ser muy devotos. ¡Habían orado todos los días y ahora ocurre esto! Una de las hijas dijo: "Si se muere, yo dejo de orar". Yo no podía dejar de pensar que ellos estaban tratando a su Dios como algunas personas tratan a su perro, se olvidan de él la mayor parte del tiempo y de repente lo necesitan y lo llaman con un silbido. (Por lo que me dijeron supe que las leyes de salud no se habían observado, que la madre había continuado fumando un cigarillo tras otro). En una ocasión u otra la mayoría de nosotros somos culpables de romper las leyes de Dios (así como las leyes físicas) y después llamamos a Dios para que nos saque del problema en el que nos hemos metido.

Comemos en exceso, trabajamos en exceso o no comemos lo suficiente; introducimos substancias dañinas en nuestros cuerpos; respiramos un aire contaminado, nos apresuramos demasiado, nos enfadamos —y después creemos que una afirmación nos devolverá la salud y bienestar. Sí, a menudo nos apartamos tanto de Dios que no podemos escucharlo. No deberíamos pensar que Dios manda el sufrimiento cuando sabemos que Jesucristo sanó. Si la curación no hubiera sido lo correcto, El no la hubiera hecho. Sabemos que Dios es toda bondad.

Es maravilloso ver que en muchos idiomas el nombre de Dios significa "bueno"; siendo que El es toda bondad, El no concibe lo que no es bueno. Las enfermedades de toda clase —la aflicción, el dolor, el odio, los malos hábitos, las relaciones rotas— no son buenas, por lo tanto Dios no puede ser parte de ellas.

Es cierto que algunas personas que tienen condiciones severas de salud se convierten casi en santos y llevan a cabo obras maravillosas bajo desventajas físicas severas. Estoy pensando en una mujer muy atractiva que tenía una enfermedad progresiva de los músculos. Debido a su enfermedad la vi ponerse más y más delgada y a la vez más dulce y más querida. Aun cuando niña yo tenía la idea que debería haber una palabra, un sentimiento o pensamiento que podría hacer que ella se levantara de su cama y volviera a ser la persona dinámica que yo había conocido. Tuve este mismo sentimiento otras tres veces antes de empezar a saber lo que sentía en mi interior, lo que trató de decirme la Verdad sobre las enfermedades y toda clase de aflicciones.

Cuando mi madre estuvo enferma, todos menos yo, estaban pensando y diciendo: "Se muere, se muere, se muere". Parecía no haber esperanzas de curación. Yo lo sabía, incluso entonces, pero no podía aceptarlo. También sabía que ella no aceptó tal punto de vista por mucho tiempo, por mucho más tiempo de lo que otros creyeron posible. Supe el momento exacto en que ella permitió que la idea de la muerte entrara en su conciencia. Y en una semana murió. Aun durante sus últimas horas yo tenía este fuerte sentimiento interno: "Hay una palabra, hay algo que podría detener este proceso de muerte".

Sentí esto nuevamente cuando mi marido murió. Aún sentí que había una palabra que podría decir que le daría vida después de la muerte. Naturalmente, no compartí esto con nadie. Dudaba que alguien pudiera comprenderlo.

Entonces mi jefe, un joven director, tuvo toda clase de contratiempos profesionales, enfermedades familiares, pérdida de trabajo y, por último, cáncer. Yo lo conocía desde que éramos estudiantes universitarios. Lo apreciaba mucho. El había pagado sus gastos universitarios trabajando y también había ayudado a mantener a su familia. Continuaba ayudando a sus padres y continuó con sus estudios de maestro durante sus vacaciones. Nuevamente este sentimiento se apoderó de mí. Para entonces ya estaba más consciente de la Verdad y estaba comenzando a ver cómo funcionaba. El deseo de ser un canal de ayuda se intensificó hasta que tuve que hacer un simple estudio sobre lo que creía y por qué. Fui a conversar con su esposa, que era también mi amiga. Me rechazó y enseñó la puerta. Rolando murió al poco tiempo. El no debía haber muerto.

En ninguna de estas muertes vi el designio o la mano de Dios; no podía pensar que cualquiera de ellas era Su voluntad. La voluntad de Dios no tiene nada que ver con la necesidad de curación que podamos tener, no importa cuál sea esa necesidad. La única parte en la que la voluntad de Dios interviene es en ayudarnos a sanarnos. Su deseo para nosotros es siempre el bien, no puede ser nada más porque El es toda bondad. El ve sólo lo bueno para nosotros, incluyendo la salud del cuerpo, mente, emociones, finanzas, relaciones, y todo lo que nos concierne. Si dudamos eso, podemos usar la siguiente afirmación que nos ayudará a creerlo:

La voluntad de mi Padre es mi perfecta salud. Dejo que Su voluntad se cumpla en mí y me sano ahora. O, *Dejo que se cumpla su voluntad en esta situación y ésta se cura perfectamente ahora.*

Para algunos de nosotros ésta es una idea nueva, pero lógica, y sabemos que debe ser verdadera si Dios realmente es el buen Padre que es. El afirmar que esto es una verdad nos ayudará a saber que es así.

La Biblia nos da muchas indicaciones que debemos ser saludables y vivir una vida llena de salud. Si estudiamos las leyes de Moisés vemos cuántas se refieren a la salud. Para los israelitas era esencial el mantener sus cuerpos en buenas condiciones. Estaban viajando en el desierto. Enfrentaban diariamente muchos retos. Las otras leyes tienen que ver con evitar hacer la maldad (además de las instrucciones devocionales). La maldad significa emociones y pensamientos erróneos, los cuales ocasionan enfermedad y aflicción. Se recordaba constantemente a los Hijos de Israel que ellos debían estar libres del pecado. Mirian no experimentó curación hasta arrepentirse de su mala acción mientras Moisés permanecía en las montañas. Esta ha sido una idea común para toda la gente: el pecado, los pensamientos erróneos, las enfermedades. Aun los griegos en la antigüedad creían que todas las enfermedades eran el resultado del pecado, el cual debía ser expiado y perdonado.

En el Antiguo Testamento predomina una corriente de curación y promesa de salud: "Yo soy Jehová tu sanador". "Oyó Jehová.... y sanó". "Me sanaste".

"Bendice alma mía, a Jehová,
Y no olvides ninguno de sus
beneficios.
El es quien perdona todas tus
iniquidades,
El que sana todas tus dolencias."

Hay una promesa maravillosa en Malaquías: "Nacerá el Sol de justicia, y en sus alas traerá salvación".

En el Nuevo Testamento las curaciones continúan. Jesús curó en repetidas ocasiones: "Tuvo compasión de ellos, y sanó a los que de ellos estaban enfermos". Pedro también se vio enfrentado con muchas enfermedades y "todos eran sanados". Pablo "le impuso las manos, y le sanó". Santiago escribió: "la oración de fe salvará al enfermo, y El Señor lo levantará; ... orad unos por otros, para que seáis sanados". En Revelaciones, Juan describe el árbol de la vida: "las hojas del árbol eran para la sanidad de las naciones".

La Biblia nos dice y promete mucho sobre la curación, pero no tenemos que referirnos a la Biblia para saber que Dios quiere que seamos sanos y saludables en cuerpo, mente y emociones y en todos nuestros asuntos. Nuestro cuerpo ha sido creado de manera que cuando algo le ocurre —una herida, una quemadura, una conmoción— el sistema interno de reparación se activa. Fuimos creados de tal manera que cuando nos sentimos perturbados podemos calmarnos, tranquilizarnos. Incluso las circunstancias parecen tener una habilidad natural similar para calmarse.

Margarita siempre había sentido que era hija de Dios, pero nunca pensó que había heredado Sus cualidades. Ciertamente no había pensado en tener "el don de la curación". Ella se dio cuenta de que el poder curativo de Jesucristo provenía de Su completa aceptación de la unidad con el Padre. Ella estaba lista a aceptar el hecho de que poseía esta unidad y que podía ser un canal para la curación. Estaba ansiosa de creer que, al aceptar su unidad espiritual, manifestaría la curación física. Con frecuencia tenía problemas con su espalda. Estando consciente del poder de su palabra y sabiendo que ésta tiene el poder de traer a manifestación lo dicho, se volvió cauta. Dejó de hablar del "problema de *su* espalda".

Su deseo fue de eliminarlo. Trató de poner tanto énfasis en hablar de sus esperanzas de salud como anteriormente lo había puesto en quejarse de sus dolores. Ella usó estas afirmaciones:

"Soy la hija perfecta de Dios, soy una con Su poder de curación, el cual cura mi espalda y todo lo que necesita curación en mi vida".

Margarita había confiado en la posibilidad de una curación espiritual y la esperaba. Rehusó perturbarse por cualquier molestia que aún persistía. Continuó confiando en una curación completa y sabía que llegaría . Usó las siguientes afirmaciones:

"Sé que todo se puede sanar ahora. Estoy preparada para recibir mi curación . Acepto mi curación ahora. ¡Estoy sana, gracias Dios, estoy sana! No más sufrimientos, no más dolor!"

Para ayudarnos a recordar que existe esta

posibilidad divina de curación, podemos repetir una y otra vez: *"Soy el hijo(a) de Dios. Soy parte de todo lo que El es. Soy tal como El es. El es Espíritu, soy Espíritu. Soy verdaderamente Su hijo(a). Lo creo ahora. Lo siento ahora. Lo sé ahora. Soy el hijo(a) de Dios."*

Nunca seremos los mismos —y sabremos que cualquier curación necesaria en cualquier aspecto de nuestras vidas puede lograrse. Sí, la curación es divinamente posible para nosotros.

Sabemos ahora que todo lo que necesita curación en nuestras vidas puede sanar.

Mi cuerpo puede curarse ahora, gracias Dios.

Mis finanzas pueden curarse ahora, gracias Dios.

Mis negocios pueden curarse ahora, gracias Dios.

Mis relaciones personales pueden curarse ahora, gracias Dios.

Mi pasado puede curarse ahora, gracias Dios.

Mis malos hábitos pueden curarse ahora, gracias Dios.

Puedo ayudar a que otros se sanen ahora, gracias Dios.

Mi salud puede ser buena permanentemente, gracias Dios.

¡Gracias Dios por mi herencia divina de curación!

II Deseando estar enfermo

Parece ridículo que uno desee estar enfermo, pero muchos de nosotros lo deseamos. Algunos estamos conscientes de esto, otros podemos sospecharlo, pero a la mayoría nos sorprendería el saber que las enfermedades nos atacan porque las deseamos ... *porque nos traen algo que no podemos obtener de ninguna otra manera.*

Algunas veces estamos enfermos porque es la manera en que se nos presta atención y cuidado, algunas veces es un modo de evitar hacer algo que no queremos hacer, otras veces es simplemente una manera de apartarse de demasiada presión y trabajo. Por supuesto, algunas veces una persona está tan interesada en lo que ocurre con su cuerpo que se vuelve hipocondríaca, pero las personas que nos preocupan ahora son aquellas que tienen una conciencia enferma y no lo saben, las que no se dan cuenta de que han invitado a la enfermedad y se aferran a su mala salud porque, aunque se den cuenta o no, quieren estar enfermas.

Hay muchas razones para tener una conciencia orientada a la enfermedad. Para algunos de nosotros es porque fuimos cuidados y atendidos excesivamente en la niñez. Tal vez todo en nuestro hogar estaba orientado hacia los microbios y enfermedades. Tal vez se pasaba mucho tiempo hablando sobre enfermedades y peligros físicos. La publicidad sobre las condiciones de la salud puede aumentar nuestra preocupación con las enfermedades. Una familia con historia de ciertas enfermedades a menudo engendra una conciencia de una enfermedad específica. Los niños se vuelven adultos esperando la posibilidad de contraer esa enfermedad de la familia. Lo que leemos y escuchamos sobre las enfermedades puede permanecer inactivo en nuestro subconsciente por mucho tiempo.

La presión sanguínea de Ana Roberts era tan baja que "casi no registraba"; ella me dijo: "Mira la variedad de cosas que tomo y como, y las que no como." Hizo un gesto, "hago exactamente lo que me dicen. Me siento mejor, pero toma tanto tiempo...."

Ella pensó en la posibilidad de que un deseo oculto de no querer sentirse bien causaba la demora en su mejoramiento. "No creo", dijo lentamente, "pero estoy lista para averiguarlo. Realmente no quiero continuar sintiéndome así. Tal vez es sólo mi mente consciente la que quiere sentirse bien. Veremos."

Ella se sorprendió al descubrir que probablemente aceptaba su enfermedad debido a cierta situación. Dos tías a las que ella quería muchísimo habían estado enfermas. A Ana le gustaba ir a verlas y cuidarlas. "Eran tan bonitas y dulces. Creía que los ángeles debían de ser como ellas. Nunca levantaban sus voces, nunca se movían bruscamente, todo estaba en orden alrededor de ellas. Tenían un ama de llaves maravillosa, quien cuidaba de ellas y de la casa de una forma excelente. Mi madre siempre me dijo que yo me parecía mucho a ellas. Mi madre era robusta y nunca se enfermaba, siempre estaba alegre. Nuestra casa con siete niños siempre era ruidosa y estaba en desorden."

Evidentemente la naturaleza de Ana había captado el ambiente y la condición de sus tías. Ella no podía creerlo, pero quería mejorarse y dijo: "Con la ayuda de Dios lo haré usando estas afirmaciones:

"La fortaleza del Señor es mía. Nada, ningún recuerdo, o deseo oculto puede apartarme de la salud otorgada por mi Dios ahora. Tengo nueva vitalidad, energía y salud perfecta ahora."

Recobró la fortaleza y su presión se normalizó. Ella estaba feliz, y libre de la presión baja que la había debilitado. Y sin temor de que esa condición volviera. Y así resultó.

La mayoría de nosotros pensamos que es ridículo querer sufrir, pero ocurre tan a menudo que debemos estar atentos a esa posibilidad. Un hombre me contó sobre lo avergonzado que estaba cuando descubrió que estaba apartándose de las ideas de la Verdad para mantenerse enfermo. El pensaba que estaba usando la Verdad, más ahora sabía que lo que estaba haciendo era *¡evitar usarla para no mejorarse y tener que volver a trabajar!* Cuando se dio cuenta de esto, no tardó en "aplicar" afirmaciones para su salud y su curación vino rápidamente. A veces nos engañamos a nosotros mismos cuando se trata de nuestra salud.

Esto puede relacionarse con nuestra niñez, donde recibíamos más atención cuando estábamos enfermos que en otras ocasiones. Aun cuando somos demasiado grandes para ser arrullados, añoramos esto. De esa forma el ciclo comienza —y nuestro subconsciente decide que necesitamos ser mimados un poco— ¡he aquí que nos enfermamos nuevamente! Esto puede ocurrir cuando vivimos solos. Podemos disfrutar tenernos lástima y estar enfermos y solos.

Mi amigo admitió que a él le gustaba la atención que recibía de su familia cuando estaba en casa; particularmente disfrutaba no tener las presiones del trabajo. Hubiera sido más práctico tomar un fin de semana largo para descansar antes que someterse al problema de estar enfermo.

Una mujer ejecutiva hizo exactamente lo mismo. Cuando sentía que se iba a enfermar, reconocía los síntomas, ya fueran estornudos o dolores de cabeza. Ella sabía que su cuerpo estaba reaccionando a las presiones de su trabajo y que necesitaba una atención cariñosa. Se ausentó del trabajo por enfermedad y pidió que sus amigos no la llamaran y se fue a la cama. Una vez durmió por dos días enteros. Su única "medicina" era el saber que no estaba enferma y que su cuerpo se estaba revitalizando y vigorizando por medio del poder curativo de Dios.

Una historia sobre la gran artista, Ethel Barrymore, contenía lo que ella llamaba su "receta" para su sorprendente vitalidad. Una vez al mes, esta gran dama del teatro se tomaba dos días libres de todo y de todos. Desconectaba su teléfono y el timbre de su casa y se apartaba de su vida activa. Dormía, leía y pensaba. Le daba a su cuerpo un descanso y tomaba sólo jugos de fruta cuando lo necesitaba. Evidentemente, ella también había descubierto que es mejor mimarse a sí misma sensatamente que pasar por tiempos desagradables al estar enferma.

Jack Henderson tenía un resfriado con irritación nasal del que no mejoraba. Se había cuidado y tomado vitaminas y pensaba que estaba usando la Verdad. Recibía cuidados de su hija de cuatro años y era difícil pensar que quería mantenerse enfermo simplemente para continuar recibiendo su cariñosa atención cada noche. Sin embargo él quería averiguarlo. Oró: *"Padre si existe algo en mí resistiendo mi curación, quiero que se disuelva ahora. Ayúdame a ser completamente libre, a ser sano. No quiero estar enfermo. ¡No, no lo quiero! Quiero estar completamente bien ahora. Gracias por escuchar mis oraciones y las de mi familia".*

Oró por todo el camino a su casa, cuando llegó sólo tenía un leve dolor de cabeza. Se sintió mejor de lo que se había sentido en muchas semanas. Quería correr y saltar, gritar y cantar: "¡Soy libre, gracias a Dios, soy libre! No me duele nada, puedo respirar".

Algunas veces el alivio demora un poco ... muchas veces porque no queremos enfrentar el hecho de que hemos estado retrasando nuestra curación debido a que, por alguna razón, queremos estar enfermos.

Dos hombres se mantuvieron una conciencia de enfermedad debido a sus jubilaciones. Uno recibía una compensación de veterano y el otro recibía una indemnización por un accidente industrial. Ninguno había sido estudiante de la Verdad cuando sufrieron los percances, pero se convirtieron en buenos estudiantes. Uno de ellos sintió temor porque se estaba sanando y no quería enfrentar el hecho de que tendría que volver a ganarse la vida. El otro luchaba consigo mismo, pero no podía seguir así. Pidió ser reexaminado, diciendo que creía ya no tener la incapacidad demostrada en su ficha. Le tomó algún tiempo volver a empezar por sí solo, pero lo hizo. Su conciencia enferma desapareció para siempre. El otro hombre continuó con muchas enfermedades, como si fuera necesario demostrar que él realmente no era muy fuerte.

Todos hemos conocido personas y familias con esta clase de conciencia de enfermedad. O hacen cosas para evitar las enfermedades o todos están siempre enfermos. La enfermedad es, en ambos casos, el centro de interés y preocupación. Las sugestiones sobre enfermedades que hemos puesto en nuestro subconsciente pueden, sin darnos cuenta, seducirnos.

Debemos tener mucho cuidado ya que la más pequeña conciencia enferma nos puede causar miserias, y todo innecesariamente. Se necesitan afirmaciones emotivas y negaciones cuando sospechamos o descubrimos que las emociones retrasan nuestra curación. Estas han sido usadas por muchas personas con resultados felices:

"Deseo sanarme ahora mismo. Deseo profundamente la curación ahora. No deseo estar enfermo (o lastimado o infeliz o desilusionado) nuevamente. Esta es la última vez. Todo mi ser quiere salud y perfección. Hay un solo pensamiento y deseo en mi mente, cuerpo y emociones: salud, curación, perfección, ahora. ¡Quiero sanarme ahora!"

No necesitamos las estadísticas de los seguros o los resultados de estudios de proyectos científicos sobre las causas de los accidentes para saber que muchas más personas se lastiman en las carreteras y en la cocina cuando están emocionalmente afectadas que en otras ocasiones. Algunas personas son más propensas a los accidentes que otras. Son también las que tienen más problemas emocionales. Cuando tenemos un accidente, menor o mayor, estamos de acuerdo con las estadísticas: "Sí, estábamos con mucha prisa; sí, estábamos enfadados;

sí, estábamos llenos de resentimiento o de odio; sí, estábamos cansados, cansados, cansados". Pero ahora los estudios hacen la pregunta de la Verdad: "¿Ocurrió el accidente porque realmente queríamos que ocurriera?"

¿Ridículo? Sí. ¿Imposible? No. Las abolladuras en un lado de su automóvil demostraban cuán cerca de un accidente serio había estado una joven. Esto ocurrió no sólo una vez, sino tres veces. Ella dijo: "Siempre me escapo por un pelo". Un hombre me dijo después que lo chocaron en el costado de su automóvil, "Siempre sabía que algún día me atropellarían así, lo vi ocurriendo". Ambas personas prepararon el campo para esos accidentes. Uno incluso había tenido la visión de lo que ocurriría, la otra siempre se salvaba de milagro. Si queremos que nos ocurran cosas, ocurrirán. Si realmente no las queremos y tenemos un accidente, rápidamente negamos ese sentimiento de "esto siempre me ocurre". No deseamos que "siempre nos ocurra"...ni siquiera una vez más.

Padre, esto no me ocurrirá otra vez. No quiero que nunca más se repita esta experiencia. Gracias Padre por Tu protección y curación.

A una mujer no le gustaba ir en el automóvil con su marido pues éste era muy descuidado. Tampoco le gustaba lo que él frecuentemente decía cuando veían un accidente: "De esa manera me iré" o "Cuando tenga que irme, quiero irme de esta manera".

A menudo cuando una persona habla de esa manera, realmente no lo dice en serio —pero su mente subconsciente no puede discernir una afirmación hecha en serio o en broma. Lo absorbe todo y después trae a la realidad cosas dichas bajo un deseo. Existen también personas que tienen una conciencia propensa a enfermedades o accidentes, hasta el punto de que esperan cosas desagradables y decepcionantes.

Una joven había tenido una serie de accidentes, decepciones, y catástrofes. Ella sentía sinceramente que tenía algo que atraía lo peor y, al juzgar por las apariencias, así parecía.

Estaba segura que quería que su situación cambiara. Ciertamente no quería más de lo que había experimentado. Es bueno preguntarnos a nosotros mismos si realmente queremos la curación del cuerpo y de nuestros asuntos. Jesús hizo eso. Le preguntó al hombre cerca del estanque si quería sanarse. Algunas veces tenemos que ser específicos. "¿Quiero sanarme en este momento? ¿Sería una decepción si tuviera que levantarme de la cama ahora porque ya no estoy enfermo?"

La joven oraba de esta manera: "Padre, ayúdame a no engañarme a mi misma. Ayúdame a saber la verdad acerca de todas estas cosas que me han ocurrido. Si estoy atrayendo estas cosas, ayúdame a limpiar mis deseos subconscientes o actitudes e intenciones y reemplazarlos con ideas que atraerán sólo lo bueno para mí de ahora en adelante. No quiero otro accidente o decepción nunca más. Quiero felicidad, salud, éxito y amor."

Su vida cambió. Nuestras vidas pueden cambiar para todos nosotros una vez que desechamos cualquier deseo de estar enfermos o una conciencia de enfermedad. La vida y la salud, el éxito y la felicidad por seguro llegan cuando edificamos una conciencia de salud, de éxito, de felicidad. La una es tan fácil de edificar como la otra. Pero cuando desarrollamos nuestra conciencia de salud sabemos lo que estamos haciendo y podemos aumentar su efecto por el hecho de que esperamos la salud y el bien. No pensamos más en la posibilidad de que hay un mal. Tenemos el poder y la autoridad de escoger salud, no enfermedad. Esta es una manera de decidir lo que queremos en nuestras vidas: ¿Queremos salud o queremos enfermedad?

Hoy elijo salud. Dios me limpia de todo deseo que no sea saludable. Desaparecieron todas las ideas que atraían la enfermedad y las actitudes que había adquirido sin querer.

Por ninguna razón quiero estar enfermo.

No quiero una conciencia enferma.

Quiero una conciencia de salud.

Quiero ser fuerte y tener salud ahora y siempre.

Esto es lo que realmente quiero —¡la salud!

III *La prevención y la curación*

El evitar las enfermedades siempre ha sido parte del panorama de la salud. Cuántas veces nos han dicho que tengamos cuidado —que no nos mojemos los pies, que no estemos donde hay una corriente de aire, que no nos acerquemos a personas que no se sienten bien, que tengamos cuidado con lo que comemos, que tengamos el descanso suficiente. La ciencia médica investiga continuamente las maneras de prevenir las enfermedades. Se han desarrollado vacunas con la idea de la prevención; se hacen cirugías para corregir enfermedades. Se promueve la reducción de peso y el ejercicio, todo con fines de prevención. Hoy día muchas personas tratan de comer alimentos mejores y más puros, y añaden vitaminas y minerales a su dieta. La mayoría de nosotros pensamos en la prevención desde el punto de vista físico, pero no hemos pensado mucho, tal vez nunca, sobre la prevención desde el punto de vista espiritual.

De hecho la mayoría de nosotros, aun si hemos estado usando métodos espirituales de curación, no hemos pensado en usar nuestro entendimiento y sabiduría de la Verdad para mantenernos sanos. ¡Cuán felices y fáciles serán nuestras vidas cuando podamos prevenir la enfermedad, los accidentes, y toda clase de problemas físicos al usar nuestra comprensión y técnicas espirituales! La verdad maravillosa es que podemos hacerlo. Podemos usar la Verdad para prevenir, así como curar, condiciones negativas. Pero, antes de pensar en la prevención, debemos pensar en la causa.

¿Qué es lo que causa la enfermedad? ¿Qué causa los accidentes?

¿Qué causa que una persona "consiga" y "tenga" todo, y otra sea "propensa a los accidentes"? ¿Qué es lo que atrae nuestra propia enfermedad, aunque ésta ocurra una vez cada diez años? La ciencia médica nos dice cada vez más claramente lo que la metafísica siempre ha sabido: nuestro cuerpo refleja y atrae lo que está en nuestro interior y este "interior" incluye no sólo el cuerpo sino la mente consciente, el subconsciente y el superconsciente. Metafísicamente, la desarmonía en el cuerpo y nuestros asuntos viene sólo cuando olvidamos quiénes somos: hijos de Dios, creados para expresar cualidades del Padre —salud y armonía— en todos los aspectos de nuestras vidas.

La mayoría de nosotros nos damos cuenta de nuestras mentes conscientes todo el tiempo, algunos de nosotros, de la mente superconsciente durante la oración y la meditación. Es el subconsciente el que nos engaña respecto a su actividad. La mente consciente funciona en el mundo de los sentidos. A través de ésta reconocemos los objetos y las personas, adquirimos conocimientos de nuestro mundo externo, conseguimos grados, licencias, hacemos negocios. Tal vez su trabajo principal es el de escoger qué información dar al subconsciente y conectarnos con nuestro subconsciente. Pero, aun si no nos damos cuenta de cómo funciona nuestro subconsciente o superconsciente, nunca podemos separarnos de ellos. Necesitamos entender, apreciar y usar los tres para poder convertirnos en una persona sana.

Nuestra mente subconsciente controla todas las funciones del cuerpo, estemos dormidos o despiertos, conscientes de ellos o no: la respiración, el palpitar del corazón, la circulación, la alimentación, la eliminación. También es un almacén de todo lo que hemos pensado, dicho, sentido, o escuchado a otras personas decir y recuerda cada deseo, cada censura, cada amenaza. Es un computador con capacidad ilimitada. Nunca está demasiado lleno de información, siempre está escuchando, esperando más, absorbiéndolo todo en un instante. También almacena la conciencia de la raza —aquellas ideas y creencias que provienen de factores ambientales, la familia, otra gente, la cultura nacional, las creencias generales y las enseñanzas.

¿Qué es lo que nuestro subconsciente hace con toda esta mezcla de información y emociones? Siendo que siempre quiere complacernos y quiere hacer lo que piensa que nosotros queremos, asegura que *nosotros experimentemos lo que hemos dicho, pensado, expresado o deseado en algún momento de nuestra vida.* No juzga, no tiene el don de poder escoger; simplemente nos entrega lo que le hemos dicho que entregue. Nunca inicia nada. Cumple órdenes. Es por eso que los psicólogos y psiquiatras indagan profundamente, porque saben que (así como nosotros los estudiantes de la Verdad sabemos) nuestro subconsciente trabaja según órdenes antiguas y así lo hará hasta que le demos nuevas órdenes.

El hombre siempre ha tenido el poder de escoger sus pensamientos y sus reacciones emocionales. Este es un poder de la mente consciente. Es *debido* a este poder que podemos escoger lo que ponemos en nuestro subconsciente y lo que rechazamos. De esta forma la mente consciente y subconsciente funcionan juntas para prevenir la enfermedad y traer curación al cuerpo, la mente, las finanzas o las relaciones. Tenemos mucho por entrenar, limpiar y borrar. Nuestra mente consciente tiene que dejar de juzgar según las apariencias y conocer la diferencia entre un hecho presente y la verdad, mirar a una condición enfermiza y saber que puede cambiarla, porque la perfección es la verdad de todo lo que concierne al hombre. Es por medio de una unión perfecta de la acción entre las dos que esa unidad con el Padre se manifiesta y por la que empezamos a desarrollar; estamos receptivos y hacemos que florezca nuestro superconsciente o la conciencia de Cristo. La prevención de una enfermedad de cualquier clase comienza con este conocimiento de que debemos y podemos controlar nuestros estados de ánimo, nuestras emociones, y decidir lo que pensamos y queremos. Cuando lo hacemos, estamos moldeando las experiencias de nuestra vida en una forma ideal.

Nora usaba esta manera de prevenir que su enfermedad volviera. Ella no estaba tan preocupada en saber lo que le había causado varias enfermedades graves, pero si quería prevenir más. Su oración era así: *"Gracias Dios porque soy y puedo ser lo que pienso, y porque puedo escoger los pensamientos y deseos que prevendrán que me enferme. Con regocijo dirijo mis pensamientos e ideas llenos de salud hacia mi subconsciente, sabiendo que me traerán salud, fortaleza, curación, energía, vitalidad, restauración, belleza y juventud".*

A medida que afirmaba ésta y otras oraciones similares, sentía que "el poder" se desencadenaba en ella. Todo su cuerpo parecía tener una vitalidad nueva. Dijo que podía ver ahora por qué su vida había sufrido tantos trastornos físicos. Sus pensamientos habían ido primero a un lado y luego a otro. Ahora estaba en control, dirigiendo todos sus pensamientos hacía la salud y perfección. Como ocurre con la mayoría de nosotros, le costó tiempo darse cuenta de lo poderosos que son nuestros pensamientos y palabras, que son realmente los creadores de nuestra vida.

Emilie Cady explica que Dios podía haber pensado y pensado en crear el mundo, pero El tuvo que prounanciar una palabra, tuvo que decir: "Hágase ..." Ciertamente, esto es lo que Juan quería decir cuando escribió: "En el principio era el Verbo y el Verbo era con Dios, y el Verbo era Dios".

A medida que iba comprendiendo esto más claramente, Nora vio las posibilidades y la oportunidad de crear una nueva vida, así como la responsabilidad de rechazar lo que no quería. Para mantenerse alerta, a menudo repetía las palabras del Evangelio:

"Por tanto, os digo que todo lo que pidiereis orando, creed que lo recibiréis, y os vendrá" (Marcos 11:24).

Sí, a través de nuestros pensamientos y palabras podemos mejorar nuestra salud. Una mujer que padecía una enfermedad en los pies, quería saber si el dirigir palabras positivas hacia ellos los mejoraría. Había leído el libro de Myrtle Fillmore, "Cómo encontré la salud", en el cual se explica que la vida es simplemente una forma de energía, la cual debe ser guiada y dirigida en el cuerpo por medio de la inteligencia, los pensamientos y las palabras de la persona. Ella hablaba a su cuerpo de una manera muy amorosa y alentadora y su curación vino. Esta mujer les habló a sus pies: *"El amor los cura, los hace rectos y hermosos. Ya no me duelen. Son suaves y perfectos"*.

La piel de sus pies adquirió nueva tersura y suavidad, y el dolor fue desapareciendo. La mujer persistía aunque por un tiempo no se vieron nuevas mejorías. Luego un día maravilloso se miró los pies cuando los limpiaba y se sorprendió: el cambio había sido tan gradual que no se había dado cuenta. Todavía no son los pies perfectos que ella tiene en mente, pero ya no son feos ni le duelen.

Charles Fillmore nos habla gráficamente sobre el poder de nuestras palabras en nuestro cuerpo: "Cada vez que hablamos causamos movimientos en los átomos de nuestro cuerpo que cambian la localización de los mismos". Si nuestras palabras pueden hacer esto, pueden hacer que las células de nuestro cuerpo se transformen, libres de cualquier restricción de pensamientos negativos. Es maravilloso pensar que nada en nuestro cuerpo es estático, que todo puede cambiar con palabras cargadas de emoción dirigidas al hombre interno. Eduardo descubrió esto cuando trataba de curar los efectos de un leve ataque apoplético y evitar una recaída. La piel y los músculos de un lado de su cuerpo estaban débiles y no respondían. No los sentía, parecían muertos.

Los científicos nos dicen que el cuerpo cambia completa y periódicamente. Metafísicamente sabemos que las mismas condiciones persisten en un cuerpo "nuevo" porque la misma forma de pensar y de creer permanece en nosotros. Eduardo quería ver si podía llenar su mente con pensamientos de un cuerpo perfecto y saludable de tal modo que él pudiera crear un cuerpo perfecto. Continuaba diciéndole a su cuerpo y a su subconsciente, que Dios estaba en control, que la salud era todo lo que quería y lo único que aceptaría. Cada mañana y cada noche hablaba a todo su cuerpo desde la cabeza hasta los pies diciendo palabras de fortaleza y poder, curación y amor:

"Cuerpo maravilloso, todo está bien contigo. Amo cada parte, bendigo cada una de tus funciones. Hoy te refrescas, restableces, revitalizas. Siento que regresa la vitalidad; los músculos se fortalecen, la piel se restaura y resplandece. Cada parte está llena de vida. Todo está bien".

En pocas semanas, sus amigos se sorprendieron del cambio en la apariencia de Eduardo. Estaba trabajando tiempo completo, sus músculos estaban llenos de vitalidad y su piel rozagante con un aspecto saludable.

Isaías ofrece la misma esperanza: "Serás llamado reparador ... restaurador". Este pasaje de la Biblia hizo que Graciela se mejorara del aparente deterioro de sus huesos y restableciera su fortaleza. Sabía que el poder de Dios es el único poder, pero también sabía que había estado pensando en otro poder que debilitaba su cuerpo. Reconociendo la posibilidad de curación a través de la destrucción de cualquier creencia que no fuera en Dios y el poder de ideas correctas y apropiadas, empezó. Hizo varias tarjetas pequeñas que puso alrededor de su apartamento: *"Dios es el único poder y presencia en mi cuerpo y en mi vida. Soy una con el poder de Dios, que me sana de inmediato. No tengo que esperar, la curación empieza ahora mismo"*.

A Graciela particularmente le gustaba pensar en la cualidad del poder curativo de Dios. Parecía que cada una de estas tarjetas vibraba con energía que se transformaba en parte del proceso curativo en su cuerpo. En lugar de ver las apariencias físicas de su debilidad, veía la salud y fortaleza de su cuerpo espiritual. Al principio ella sentía que debía "encender el poder", sin embargo, después se dio cuenta de la maravillosa verdad de que ella no tenía —ni podía— encenderlo porque el poder funciona por sí mismo. El hacerlo funcionar significa que le prestamos nuestra atención, que lo reconocemos y que comprendemos que está funcionando.

Aprendió otras verdades que ayudaron en apresurar su recuperación completa. Al principio algunas de ellas eran difíciles de aceptar. Una era que verdaderamente no hay nada que nosotros debemos curar. Simplemente debemos aceptar la curación y esperar que llegue. Le tomó algún tiempo en aprender a concentrar su atención en la curación y no en el cuerpo. Esto es lo que todos necesitamos aprender.

Dos madres aprendieron esta lección. Una de ellas recibió una llamada de la policía que dijo que su hijo había tenido un accidente en su bicicleta. La otra recibió una noticia del gobierno en la cual dijeron que su hijo había sido herido seriamente en Vietnam. Ambas madres tenían que contemplar la curación y no el horror. Para ambas era cuestión de controlar completamente sus pensamientos y emociones, poniendo a sus hijos al cuidado de Dios, y de no interferir con el proceso de curación, preocupándose y visualizando resultados temibles. Sus afirmaciones de curación fueron similares: *"Dios está en ti, poderoso y seguro de tu curación. La perfección infinita se manifiesta en cada célula de tu cuerpo sin interferencia mía o de otros. Todo lo que se necesita hacer por ti se está haciendo ahora. La curación ocurre sin demora"*. Ambas terminaron sus afirmaciones con lo siguiente: *"Declaro esto en el nombre y a través del poder de Jesucristo. Amen"*.

Al usar el poder de Cristo, cada madre llegó a tener conciencia de que Jesús sabía que El no hizo las obras sino que estaba tan unido al Padre que las obras fueron hechas por el Padre a través de El. Se dieron cuenta de que así ocurriría con ellas. No fue un período fácil, pero fueron diligentes en sus disciplinas y las curaciones llegaron.

Estas son las maneras que podemos evitar enfermedades y curar condiciones y circunstancias. La prevención y la curación van unidas. Cuando nos sanamos, debemos comenzar la acción preventiva; cuando prevenimos, debemos establecer la salud. Sabemos que nuestro Dios interno es quien cura, sin importar nuestras acciones. Deliberadamente quitamos de nuestras mentes y nuestros corazones las ideas acerca de la inevitabilidad de enfermedad o cualquier posibilidad de querer estar enfermos. Hablamos sólo palabras de salud y curación y esperamos sólo salud y curación.

Ya no estoy enfermo.

Rechazo pensar que alguien tiene que estar enfermo.

Elimino temores sobre la enfermedad.

No hay ningún momento en mi vida en que me siento "obligado" a tener problemas o debilidades físicas.

Mantengo cuidado con respecto a lo que pienso de mi cuerpo.

Tengo pensamientos de salud, fortaleza, belleza, juventud y energía.

Hablo sólo palabras de salud y curación.

Visualizo sólo la salud como mi herencia por ser un hijo o una hija de Dios.

Dios en mí puede prevenir las enfermedades y Dios en mí puede curar.

IV

La curación: retrasada o incompleta; instantánea o completa

¿Por qué tarda tanto? ¿Por qué no puedo tener una curación instantánea? ¿Por qué no se aclara todo? He estado orando por tanto tiempo y nada parece ocurrir. ¡Estoy desalentado!

Todos hemos dicho, pensado y preguntado tales cosas. Nos preguntamos también por qué personas que son devotas de la Verdad no tienen buenos resultados. Pensamos en Jesucristo, no había tardanzas en Sus curaciones, no había tiempo perdido con los resultados. Sus curaciones ocurrían "inmediatamente". Eso es lo que todos queremos: la curación inmediata, ahora mismo. Algunas veces ocurre una curación inmediata. Pero si tenemos una curación inmediata una vez, quizá la próxima no sea así. Preguntamos: ¿por qué? Algunas veces tarda dos o tres semanas, algunas veces mucho más. Queremos saber por qué y deberíamos saber por qué.

¿Por qué hay algunas curaciones que son, no sólo instantáneas, sino también completas? Queremos saber más sobre esto. Parecen ocurrir fácilmente, sin mayor esfuerzo.

Esa es parte de la respuesta —la naturalidad, la falta de esfuerzo. No nos apresuramos o esforzamos cuando sabemos hacer una cosa; simplemente la hacemos. Debemos hacernos expertos en curación y tener una naturalidad comparable a nuestra habilidad para hacer otras cosas. Para algunos de nosotros esta habilidad viene rápidamente, para otros tarda algo más. Podemos retrasarla esforzándonos demasiado. "Oré con mucho esfuerzo." "Dije mis afirmaciones con mucho esfuerzo." "Lo negué con mucho esfuerzo."

Sería bueno eliminar las palabras *con mucho esfuerzo* de nuestro vocabulario; no queremos nada con mucho esfuerzo en nuestras vidas. Ciertamente no queremos problemas o tiempos malos, y no queremos orar con esfuerzo. Deberíamos prestar atención a la frecuencia con que usamos estas palabras. Sabemos que no hay carga demasiado pesada si el Padre nos ayuda a llevarla. No hay tiempos malos si dejamos que el Padre nos dirija y guíe. La oración no debería ser un esfuerzo tampoco, sino la actividad que más nos agrada.

A menudo nos damos cuenta de que oramos con esfuerzo cuando estamos discutiendo con nosotros mismos, tratando de convencernos. Si nos sentimos tensos y nerviosos, en vez de sentirnos refrescados cuando decimos "Amén", hemos orado con esfuerzo.

¿Somos felices con nuestras oraciones? Rita no lo era, en realidad sus oraciones la debilitaban. Ella necesitaba y quería curación. Ella creía que la curación física era posible. No podía entender por qué no ocurría, había experimentado curaciones espirituales en el pasado, al final se entregó a Dios.

"Padre, te entrego esta condición. Cúrala en el momento oportuno y de la manera conveniente. Te entrego todo este problema. Es Tuyo. Si deseas que yo haga algo, dímelo. Gracias."

Estaba tan aliviada que se sintió mejor. Se apartó del camino del poder de la curación y su curación vino. "No volveré a orar con esfuerzo", dijo, "De ahora en adelante, simplemente aparto mis manos del asunto y lo dejo en manos de Dios, y espero sabiendo que El está a cargo de todo."

Aun si nos sonreímos con la idea de Dios con

una lista de curaciones para "hacerlas cuando quiera", el concepto del tiempo puede impedir la curación.

¿Qué diferencia hay si nos curamos el jueves en la mañana o el miércoles en la noche, el 15 de marzo o el 10 de junio, si nos curamos en verdad? Diez años o tres meses más tarde será imposible recordar exactamente cuándo *fue* la curación y lo que se aprendió y experimentó durante ella. Si pensamos que Dios está presente en todas partes, sin comienzo y sin fin, entonces sabemos que El no presta atención al tiempo, *Dios es*. Se menciona que Mary Pickford dijo que el tiempo es sólo el sonido que hace el reloj —y ésta es una actitud excelente. El tiempo empleado no es importante; *la curación es*. En Espíritu sabemos que ya hemos sido curados, por lo tanto el tiempo es secundario. Hay el dicho: "Quien espera desespera". Cuando observamos el tiempo con ansiedad parece transcurrir a paso de tortuga; cuando no lo observamos, vuela. Con las curaciones, ocurre lo mismo.

Tomás Andrews nunca pensó en el tiempo que tardaría la curación de su pecho, y su curación fue casi instantánea. El no sabe el momento en que ocurrió. Lo importante es que ocurrió.

Sufrió lesiones cuando un automóvil que se acercaba en la misma intersección no observó la señal de alto. Tomás pensó hasta el último segundo que el otro conductor lo había visto y que se detendría. Tuvo una gran sorpresa cuando el hombre lo chocó en el costado, apenas podía creerlo. Todo se arregló de una manera armoniosa con el otro conductor, el policía y el agente de seguros. Tomás aseguraba a todos que no había sufrido lesiones. Más tarde él estaba agradecido de no haber pensado en lesiones.

Su esposa insistió en que se fuera a la cama. Cuando él se dio vuelta en su cama descubrió que había sufrido fracturas. Había sentido un pequeño dolor cuando se desvestía, pero cuando se dio vuelta en su cama pudo ver que los dos lados de su caja torácica se habían separado. Cuidadosamente se echó de espaldas e hizo lo que llamaba "un ajuste divino". El dolor agudo paró. Dijo: "Gracias a Dios". Su esposa le trajo almohadas y las puso a su alrededor de manera que, al dormir, no se moviera. El oraba y dormía, oraba y dormía. Mantuvo en su mente un verso bíblico, pensaba en él antes de dormirse y al despertar: "Haré venir sanidad para ti y sanaré tus heridas".

"Nunca pensé que no me curaría," dijo más

tarde, "nunca creí que habría un retraso o que la curación tomaría un tiempo largo —*o cualquier plazo* de tiempo". Se quedó en cama dos días. El primer día no tuvo dolores, y el segundo "probablemente era innecesario", al tercer día estaba haciendo lo acostumbrado.

Tomás respetaba su cuerpo y no hizo gimnasia ni levantó pesas pero mantuvo su rutina. No dijo nada a nadie sobre esto hasta muchos años después cuando lo recordó y me lo contó.

Pero ¿qué pasa cuando nuestras curaciones no ocurren tan rápida o completamente? Cuando las condiciones por las que oramos no mejoran, cuando las cosas que necesitamos no aparecen, ¿qué hacemos entonces? ¿Dejamos de orar? ¿Empezamos a orar sobre otra cosa? En otras palabras, ¿Desistimos de la curación que queremos y necesitamos? No, nunca. Este es el momento de mantenernos firmes, de persistir, de seguir adelante, de mantener nuestra seguridad de que la curación viene sin importar las apariencias, ni el tiempo que tarde. Este es el tiempo de saber que a pesar de las apariencias, nuestro bien, nuestra curación está cerca. Jesucristo enseñó persistencia en Su parábola sobre el hombre que continuó llamando a la puerta hasta que finalmente su amigo se levantó y le dio comida. La curación vendrá si persistimos.

Una mujer tenía una condición muy dolorosa que no respondía al tratamiento médico; después parecía no responder a la Verdad. Finalmente ella pensó que si no creyéramos en el poder del nombre de Jesucristo, no lo usaríamos tan a menudo en nuestras oraciones, por lo tanto, ella repetía: "Jesucristo" una vez tras otra por varias horas. Su curación llegó.

Un hombre en medio de su miseria se escuchó a sí mismo gritando: "¡Dios mío, Dios mío!" Estas palabras le trajeron a su mente la agonía que padeció Jesús en la Cruz y sintió que estaba experimentando algo de lo que Jesús había sentido. "No añadió: '¿por qué me has desamparado?' " porque sabía que Dios nunca abandonó a Jesucristo. Comprendió esto como nunca lo había comprendido antes, y le trajo un sentido de paz tan profundo y maravilloso que sabía que el dolor desaparecería, porque su Dios no le había abandonado tampoco. Su dolor desapareció cuando contempló la maravillosa seguridad de la presencia y ayuda de Dios.

Una señora usaba estas palabras: "Amoroso Padre, cuídame ahora. Siento Tu cuidado amoroso", y descubrió que siempre le traían curación. Dijo: "Algunas veces las curaciones tardaban, pero yo persistía".

Es muy poco lo que tenemos que hacer: sólo

persistir. Algunas veces las demoras nos causan temores. Las enfermedades pueden ser alarmantes, y debemos dejar ir el temor antes de que la curación tenga lugar. El temor restringe, reprime, deprime, el temor no cura. Luisa finalmente se dio cuenta de que el temor prevenía su curación. Había muchas razones humanas por las que ella sentía temor. Su condición se consideraba crítica y nada parecía poder cambiar este panorama.

El negar que ella sufría temor o que existía algo para causar esos temores no surtió efecto. Se dio cuenta de que sus emociones la ataban tan fuertemente que la curación no ocurría. Buscó su Biblia y allí encontró dos pasajes que aliviaron su ansiedad. Su enfermedad había ocurrido repentinamente, así que el Proverbio 3:25 tenía mucho significado para ella: “No tendrás temor de pavor repentino”. Ella se había asustado por el diagnóstico que recibió. La confianza en sí misma volvió cuando ella leyó el Salmo 56:3: “En el día que temo, yo en Ti confío”. El Salmista había conocido el temor igual que ella, pero continuó confiando en Dios. ¿Había ella realmente confiado en El? ¿Era su temor tal vez la falta de fe en poder confiar en que El le traería la curación? Ella hizo unas afirmaciones personales:

"Confío en Ti Dios, a pesar de mis
temores.
No dudo de Tus poderes de curación.
Espero que tus poderes de curación
me curen ahora."

Estas afirmaciones repetidas varias veces trajeron orden a sus pensamientos. También le ayudaron a esperar su curación y le quitaron los temores. Comenzó a pensar en sí misma como perfecta y con buena salud, no como una persona enferma.

Otra señora me dijo que también se curó después de empezar a pensar en sí misma como un ser perfecto. Sintió que su salud mejoró mucho cuando pensó en su propia perfección, como una persona llena de salud. Por muchos años había pensado que era una persona con problemas de salud. Ahora ya no se considera una persona enferma, aun cuando necesite curación, sino una persona *¡lista para la curación!*

"Estuve también confusa sobre quién curaba," dijo. "Sentía que yo era la que debía llevar a cabo la curación. Tardé un poco en darme cuenta de que no lograba las curaciones por mí misma, Dios las hacía. Ninguna *persona* lo hace, sólo permite que la curación ocurra."

Algunas veces dependemos de un amigo, un

pastor, o un consejero que forme el pensamiento adecuado para nosotros y diga las palabras de curación. A menudo necesitamos ayuda, pero debemos asegurarnos de no pensar que esa otra persona está haciendo la curación. Todo lo que uno puede hacer es abrir la puerta.

Las curaciones se atrasan algunas veces debido a que no sabemos escuchar después que oramos. Es durante este tiempo tranquilo cuando las respuestas llegan. Es entonces cuando la voz interna nos dice lo que debemos hacer. Si no escuchamos, no podemos recibir la guía que nos conducirá hacia la curación. Algunas veces ocurren cosas que nos sorprenden mientras estamos todavía tranquilos después de la oración. Pueden ser simples; pueden ser cosas que debemos haber pensado hacer automáticamente; pueden ser cosas que parecen extrañas.

Un hombre, de lenguaje muy simple, vino a decirme acerca de su pérdida de peso. Yo sabía que él había estado enfermo, mas él dijo que la enfermedad no era la causa de su pérdida de peso sino lo que le alentó a hacerlo. El era un estudiante nuevo de la Verdad y la estaba aplicando de la misma manera que conducía su negocio de construcción, con todo lo que tenía. El no había estado enfermo por años. No creía tener ningún pensamiento negativo hacia nadie y no temía nada del pasado o futuro. Entonces se enfermó gravemente.

"Lo único que podía decir era 'Dios, ¿que he hecho mal?' Después me mantuve callado para escuchar lo que El me pudiera decir, y ¡tuve la sorpresa de mi vida! Dios habla como yo. No usa un lenguaje complicado.

"Has estado comiendo demasiado," me dijo Dios. Eso me sobresaltó y sorprendió; pensaba pudiera haber esperado esas palabras de una persona pero pensaba que Dios me hablaría con palabras diferentes, palabras complicadas, dulces, usted sabe. Cuando salí de mi asombro, sabía que El tenía razón. Eso era exactamente lo que había estado haciendo. Yo siempre creí que necesitaba grandes cantidades de comida para poder seguir haciendo el trabajo que hago. Así que comía demasiado. No lo hice más —y así eliminé el exceso de peso.

"Como pausadamente y estoy aprendiendo a escoger los alimentos que como. También cuido lo que pienso. Durante mi enfermedad, me deshice de muchos pensamientos negativos que ignoraba tener. Al saber que ya los había superado, no me preocupé. Me liberé de ellos totalmente."

Todos podemos liberarnos cuando comparamos cómo somos con cómo éramos sabiendo que no tenemos que pasar por experiencias dolorosas nunca más.

Rolando llamaba basura lo negativo: "Y pensar que había estado cargando esta basura todos estos años. Me molestó por un tiempo, pero simplemente bendije a todos, incluyéndome. Pensaba: cuán diferente hubiera actuado entonces, sabiendo lo que sé ahora. No lo sabía, y aunque no puedo cambiarlo, no necesito llevarlo conmigo —y ahora sé qué hacer en situaciones similares, puedo evitar mucho porque he pasado por mucho".

La siguiente afirmación le ayudó a lograr lo anterior: *"El amor de Dios purifica mi pasado, el cual se ha ido de mi vida para siempre. Aprendo lo que debo de él y lo dejo ir. Mi conciencia y subconsciente están llenos de la Verdad. Estoy libre de todo en mi pasado o presente que no sea para mi bien supremo. Entrego a todos en mi pasado y presente al bien supremo. Somos libres de ser, hacer y tener lo que Dios desea para nosotros ahora".*

Una vez que Rolando se liberó de todas sus cargas emocionales pasadas, su curación llegó. Muchos de nosotros tenemos que liberarnos de recuerdos, actitudes y creencias negativos. Cuando lo hacemos, la curación viene, ya sea la curación del cuerpo, de nuestras relaciones o nuestros asuntos.

Una vez que salimos adelante, nuestro maravilloso cuerpo puede seguir su transcurso de curación mediante Dios. Hacemos posible que el poder de Dios funcione en y a través de nosotros. Los médicos hacen todo lo posible para que la maravillosa potencialidad curativa del cuerpo, este poder de Dios, la naturaleza de Dios, funcione. El cuerpo está equipado para curarse. El cuerpo quiere ser sano. Cuando nos liberamos de todos los problemas emocionales, nuestros prejuicios y nuestras ideas de enfermedad, entonces nuestros cuerpos se curan. Nos apartamos de las apariencias de enfermedad y acudimos a Dios; hacemos lo que los místicos llaman "el abandonarse en Dios". Cuanto más completamente nos abandonemos en Dios, tanto más rápida y completamente nuestra curación se manifestará.

Una mujer "se abandona en Dios" al visualizar la mano de Dios. Mentalmente, ella escribe su petición de curación y la pone en Su mano. Otra mujer se ve, o ve a los que por quienes ella ora, en la mano de Dios.

Otra ve la mano trayendo la curación; otra siente la mano que acaricia y cura al tocar.

Hay innumerables modos que podemos traer la curación a nuestras vidas. Es la manera natural de que las curaciones ocurran. La curación ya ha sido otorgada por medio de Dios. Lo que estamos aprendiendo es hacer que la curación ocurra. Podemos hacer esto al saber de dónde proviene la curación —de Dios— y que no necesitamos hacer este trabajo.

Mi curación viene de Dios, no del hombre.

Mi curación ocurre ahora. No tengo que esperar.

Mi curación es completa, porque Dios la hace.

Nada en mi pasado interfiere con mi curación.

La curación no es una labor ardua, es fácil, es segura.

Entrego mi problema físico (o cualquier otro) a las manos de Dios. Con seguridad lo dejo en Sus manos.

V El templo santo: su cuidado

Muchos de nosotros cuidamos de nuestros perros y gatos más de lo que nos cuidamos a nosotros mismos. A menudo abusamos de nuestro cuerpo despiadadamente. Lo exponemos a condiciones ambientales, le damos unas combinaciones de comida, bebida y drogas abominables. No hacemos ejercicio y después trabajamos horas largas sin descanso. Si nuestros cuerpos no fueran hechos de una manera tan maravillosa, no podrían resistir a lo que los sometemos. Las religiones tampoco han ayudado mucho. Muchas han desacreditado el cuerpo, han creído inclusive que se obtiene algo bueno al abusarlo.

Los penitentes caminaban de rodillas por muchos kilómetros, andaban sobre objetos filosos o calientes, se flagelaban. La iglesia promovió la teoría de que si el cuerpo sufría, el alma se liberaba. ¿Si hubiera habido virtud en la enfermedad y los impedimentos físicos, Jesucristo no hubiera curado, como lo hizo. La curación es necesaria e importante. Nuestros cuerpos son importantes, sin importar cómo los tratemos y cómo se hayan considerado en el pasado. Jesús nos dijo el porqué.

El llamó al cuerpo el templo de Dios. Dijo que El y el Padre eran uno. Si son uno, entonces no existe la separación; si son uno, entonces es uno en el mismo cuerpo. Pablo nos dijo que Dios "no habita en templos hechos por manos humanas", y que "el Espíritu de Dios mora en vosotros". Si aceptamos nuestra unidad con el Padre, si creemos que El vive en nosotros y en todo (y debemos creer esto si creemos que Dios es omnipresente), entonces empezaremos a cuidar mejor de este templo físico, nuestro cuerpo. Sabemos que Dios se expresa por medio de nosotros, por lo que debemos mantener nuestra mente, cuerpo y emociones tan saludables como sea posible, para ser el canal adecuado a través del cual El se exprese. Es así de simple e importante. Es también algo que la mayoría debemos aprender.

Nos contradecimos en lo que pensamos del cuerpo. Hay momentos en que pensamos que es frágil, pues con muy poco se le puede quitar la vida; pero luego lo consideramos indestructible, porque puede tolerar mucho. Puede tolerar el abuso, la falta de comida, la falta de descanso, la falta de ejercicio; puede tolerar emociones dañinas, temores, exposición a los elementos. Sí, realmente somos hechos de modo excelente y admirable. Nos maravillamos con el cuerpo humano, especialmente cuando miramos a un bebé —formado tan perfectamente: los dedos de las manos, de los pies, su piel, sus pestañas, todo es perfecto. Después miramos a nuestros cuerpos y los de otras personas y vemos lo que hemos permitido que suceda.

Tenemos arrugas en la cara porque permitimos que las emociones nos aflijan, el contorno de nuestro cuerpo se pierde en una masa de grasa creada por los excesos; nuestros hombros se hunden porque no nos sentamos correctamente. Permitimos que tantas cosas ocurran en este cuerpo maravilloso que se nos dio. Sabemos lo que debemos hacer y algunas veces empezamos a cuidarlo físicamente. Sólo cuando empezamos a darnos cuenta de que somos un ser muy especial, un hijo de Dios, escogido para albergar el poder de Dios, la naturaleza de Dios, la presencia de Dios, podemos sentir reverencia hacia nuestro cuerpo y querer que sea el lugar apropiado donde el Espíritu de Dios se alberque.

Merle descubrió esto y encontró la salud que nunca había tenido. Nada de lo que le decían la detuvo en abusar su cuerpo. Ella era delgada, vehemente, trabajaba fuerte. Comía y dormía irregularmente y nunca lo suficiente. Nunca encontraba tiempo para tomar aire, hacer ejercicios o descansar o divertirse. Tomaba tranquilizantes cuando se ponía nerviosa, y se mantenía activa tomando café y comiendo chocolates cuando necesitaba energía. Muchas cosas andaban mal con su cuerpo y había tenido varias operaciones menores. Los médicos le habían dicho, al igual que su familia y amigos: "Cuida tu cuerpo".

Merle se reía y continuaba. Su cuerpo había sido sometido a todo y seguía siendo de ese modo. Ella no se preocupaba. Entonces la verdad del templo santo en su cuerpo se le presentó. Un rayo no hubiera sido más poderoso. Una visión no la hubiera sorprendido más.

Ella estaba tan sorprendida por la revelación que tuvo poca dificultad en cambiar su manera de vivir. Ella no tenía que aprenderlo, todos se lo habían dicho por años. Lo que ella tenía que hacer era cambiar lo que hacía. Ella empezó a usar estas afirmaciones varias veces al día (especialmente en la noche antes de dormirse):

"Mi cuerpo es el templo del Señor. El está aquí conmigo, en mí, ahora mismo. Lo único que debo hacer es saber que El está aquí y mantener

Su templo como debe ser. No es sólo mi cuerpo, es Su templo. Sé que debo hacer para mantenerlo limpio, fuerte, puro, lleno de salud y perfecto. Descanso, duermo, hago ejercicios, como alimentos nutritivos, tomo bastante líquidos, mantengo mi cuerpo limpio y se vuelve más hermoso cada día respondiendo a mis cuidados."

Su cuerpo pronto respondió. No sólo cambió físicamente sino que se convirtió en una persona diferente. Desapareció la persona que nunca tenía tiempo para actividades recreativas o diversión. Desapareció la persona tensa, perfeccionista, exigente. Desapareció la mujer que no consideraba malo abusar su cuerpo. En su lugar estaba una persona feliz, tranquila y llena de salud.

Una señora, madre de cuatro niños, y llena de problemas vio cómo su vida cambió cuando aprendió a respetar a su cuerpo como el templo del Dios viviente. Tenía responsabilidades todas las horas del día, apenas tenía tiempo para pensar en sí misma. Las vitaminas no le daban color a sus mejillas ni brillo a sus ojos. Pensaba que no podría ser ella misma y tener el dinamismo hasta que sus hijos crecieran, cuando no tuviera que hacer todas las cosas físicas que hacía ahora. No era feliz; no tenía resentimiento hacia los niños, amaba a su marido, pero ella castigaba su cuerpo con todos los quehaceres que eran aparentemente interminables. Todo esto cambió cuando se dio cuenta de lo que realmente hacía.

No estaba simplemente lastimándose a sí misma, sino que estaba lastimando el templo santo. No podía postergar hacer algo al respecto hasta que los niños crecieran. El Padre, ella sabía, moraba en ella y, por lo tanto, ella debía hacer que Su templo fuera un lugar apropiado para El. Fue sorprendente cómo cambió su vida entera, una vez que empezó a usar las afirmaciones similares a las de Merle:

"Soy el templo del Dios viviente. Dios vive en mí y cuido de Su templo. Mi cuerpo es maravilloso. Le doy un cuidado maravilloso. Me siento restablecida con fortaleza y vitalidad. Me siento más joven que nunca porque dejo que Dios exprese Su vida a través de mí. Estoy más hermosa que nunca, porque la belleza de Dios está en mí y dejo que se exprese ahora. Me siento más fuerte que nunca, porque la fortaleza de Dios está en mí ahora. Tengo más sabiduría que nunca, porque la sabiduría de Dios está en mí. Soy más cariñosa que nunca, porque el amor de Dios forma parte de mí".

Les habló a sus hijos sobre esto. El de cuatro años fue el primero en "entenderlo" cuando vino corriendo una tarde y dijo: "Quiero tomar una siesta", ella se sorprendió, pues, por un año, el niño había estado luchando tanto contra las siestas en la tarde que ella había dejado de insistir.

"¿Por qué quieres tomar una siesta ahora?" preguntó ella, no queriendo que su pregunta fuera tan fuerte que le hiciera cambiar de idea.

"Oh," dijo el niño simplemente, "Dios en mí está cansado. El dice que quiere tomar una siesta."

Cada uno de nosotros seremos como este niño de cuatro años una vez que aceptemos el hecho de que nuestro cuerpo es el hogar de Dios. Si escuchamos a nuestro Invitado, sabremos lo que debemos hacer. Sabremos qué hacer para recuperar, establecer y mantener salud completa. Vendrá una raza superior cuando toda la humanidad se dé cuenta de que el cuerpo es el lugar donde vive nuestro Padre celestial. Sí, cada persona reconocerá su propio cuerpo santo y será guiada por el Padre morador del mismo modo en que Jesucristo fue guiado. No tenemos que esperar a que cada persona conozca esto, simplemente tenemos que hacerlo nosotros mismos.

Debemos hacer algo más que conocerlo, más que aceptarlo mentalmente. Tenemos que saberlo de corazón, con nuestras almas y con todas nuestras fuerzas. Debemos *sentir* que es Su mansión. Esta es la manera de demostrarle a Dios que Lo adoramos, al cuidar de Su mansión. Conocemos a muchas personas que dicen que aman a otros, sin embargo los usan a su antojo; o no saben lo que es el amor, o simplemente *creen* que aman. Así ocurre con nosotros, si amamos a Dios, cuidaremos de nuestros cuerpos, Sus templos santos. Los cuidaremos con amor constantemente, no sólo por un tiempo. Nuestros cuerpos cantarán alabanzas al Padre cuando pongamos esto en práctica.

Cada templo tiene su música. Los científicos nos dicen que las células saludables en el cuerpo crean música, la cual se origina por medio de la armonía cuando tienen salud. Así escuchamos la música de nuestros propios cuerpos. Sabemos que mientras mantengamos nuestras células en armonía o las ayudemos a restablecerse, habrá música celestial para el Dios morador, y habrá luz.

Todo templo debe tener luz, una luz hermosa. Una vez más los científicos nos dicen la hermosa verdad sobre nosotros: hay luz en el centro de cada célula del cuerpo. Estas luces son células que pueden ser reemplazadas por medio del maravilloso poder curativo del cuerpo, así como reemplazamos bombillas de luz. Al mantener la salud en nuestro cuerpo, proporcionamos la hermosa luz que nuestro templo debe tener, la luz de células perfectas.

Debemos hacer cosas inteligentes para nuestro cuerpo. Debemos mantenerlo limpio, ejercitado, alimentado, descansado, feliz. Tal vez no sea fácil pensar en este nivel tan elevado para él, lo hemos aislado por tanto tiempo y por tantas razones. Nos tomará algún tiempo volver a respetarlo y apreciarlo. Es una creación maravillosa. Es más maravilloso de lo que el ser humano puede concebir o planear. Nos damos cuenta de todas las funciones vitales que se llevan a cabo aunque no estemos conscientes de ellas. No tenemos que comenzar o mantener sus funciones (a no ser que dejemos que la enfermedad tome lugar). No tenemos que construir un mapa para que la sangre circule, ni un sistema de irrigación y eliminación. No necesitamos instrucciones para que el cuerpo cicatrice una herida, un rasguño, o una quemadura. Ni siquiera tenemos que estar despiertos para observar sus funciones. Cuanto más aprendemos, más lo apreciamos.

Cuando comprendemos completamente lo que el cuerpo-templo significa, ayudamos en la aceleración de los procesos curativos. Si sabemos que el poder de Dios está en nosotros, siempre con nosotros, alrededor de nosotros, no es difícil creer que la curación puede suceder y sucederá. No importa la clase de curación que deseemos o necesitemos, el mantener nuestro cuerpo como debe ser, significa que estamos conscientes del Dios morador y, por lo tanto, estamos conscientes de Sus poderes curativos. Somos parte de este poder. Lo podemos declarar; lo podemos usar; sabemos que está donde el Padre está, y que el Padre está siempre en nosotros.

En ocaciones llamamos este templo el lugar secreto del Altísimo. Este es el lugar donde los tres niveles mentales —consciente, subconsciente y superconsciente— convergen. Es secreto porque nadie puede estar allí, excepto nosotros; nadie puede ir allí buscando alimentos, protección, guía, amor o bendiciones. Y es secreto también porque nadie puede conducirnos allí, tenemos que encontrarlo por nuestra cuenta. Es un lugar de reconocimiento, entendimiento y unificación. Es el lugar donde finalmente *sabemos* que somos hijos de Dios. Es el lugar donde realmente conocemos, escuchamos y sentimos a Dios. Es donde tenemos acceso a las ideas divinas que necesitamos para hacer de nuestras vidas todo lo que debe ser. Es el lugar donde nos damos cuenta del "Señor mío y Dios mío". Nadie excepto nosotros puede conocer al Dios morador.

Esto es lo maravilloso de este templo santo. Es sagrado, personal y perfecto. Es práctico también, porque es donde conseguimos todo lo que necesitamos, ya sea guía, inspiración, seguridad, comodidad, fortaleza, o curación. Cuando escuchamos en nuestro templo santo, no estamos escuchando al ego o a sus pensamientos, estamos escuchando a Dios en nosotros. Nada puede darnos mayor alegría y felicidad. Cuando cuidamos nuestro templo, nuestro cuerpo, éste se regocija y nuestra vida se convierte en todo lo que debe ser.

Verdaderamente el Señor está en Su templo santo, mi cuerpo.

Hoy día, ahora, sé que el Señor está en Su templo.

Siento al Padre en Su templo. Sé que El está allí.

Sí, el Señor está en Su templo santo y todo está bien.

VI La curación de los hábitos

Algunas veces lo que más nos enferma son los hábitos que hemos permitido que controlen nuestra vida. Cuando un hábito está fuera de control, nos controla, ya que decide lo que debemos comer o tomar, dónde ir, cómo pasar nuestro tiempo, cuánto trabajo hacer, si ahorramos dinero o si tenemos éxito. Es tan fácil dejar que un hábito nos controle. Una vez que hacemos algo, es más fácil hacerlo la siguiente vez, y la siguiente. Si no estamos alerta, nos podemos encontrar atrapados por un hábito muy arraigado y tendremos que hacer toda clase de cosas para eliminarlo o pretender que no existe.

Si tenemos el hábito de comernos las uñas, evitamos mirar el aspecto desagradable de nuestros dedos, el cual no se puede ocultar aun vistiendo ropa elegante. Tal vez tomamos demasiado café. Tal vez no estamos comiendo lo suficiente o lo que debemos comer. Algunas veces nos damos cuenta de que hemos adquirido el hábito de hablar mal o inapropiadamente. De vez en cuando escuchamos lo que decimos y nos damos cuenta del daño que causamos a otros y no nos agrada cómo nos sentimos. O escuchamos malas palabras y las repetimos. ¡Oh! hay tantos hábitos indeseables que permitimos. Ninguno de nosotros ha pensado jamás en permitir que tales hábitos nos controlen como lo hacen.

Juan nunca pensó que el tomar licor se convertiría en un hábito. Pero ahora necesitaba un trago cada mañana antes de empezar el día. Esto lo asustaba un poco, pero no lo suficiente. Al llegar la hora del almuerzo, ya había olvidado su leve temor y estaba listo para otro trago antes de comer. A las cinco se había olvidado de que podría ser peligroso pasar por el bar para conversar. Era sólo una parada en el camino a casa —pero frecuentemente no llegaba a ella hasta después de la medianoche.

La palabra *alcohólico* continuaba viniendo a su mente pero la apartaba. Rehusaba creer que hubiera una posibilidad de ser un alcohólico. Trataba de orar; admitió más tarde que había dejado de orar porque no quería que Dios hiciera que dejara de tomar. No necesitaba que nadie controlara su hábito. No quería que nadie interfiriera con su vida, ni siquiera Dios.

No hubo escenas en casa porque Juan, aunque intoxicado, pudo mantener su calma. Estaba consciente del desagrado de su esposa, del callado desprecio de sus jóvenes hijas, pero no le afectaban y nunca se ponía desagradable — sólo ebrio. La falta de dinero le abrió los ojos; al principio pensó que era la inflación, los precios más elevados. Una noche se quejaba a su esposa sobre lo que el gobierno estaba haciendo con su salario.

"Lo peor que puede haberle ocurrido a tu salario es que seas alcohólico," le dijo ella. " Si deseas que tu sueldo rinda más, deja de tomar." Puede ser que como ella no le había levantado la voz antes, lo hizo escuchar tan claramente esta vez. "¿No lo crees?" le dijo ella, "Haz una cuenta empezando mañana, o ahora mismo piensa cuánto gastaste hoy."

No podía recordar todo, pero recordaba lo suficiente. "No soy un alcohólico" dijo insolentemente al apartar su mirada de una columna pequeña de números.

"Si no lo eres, entonces puedes dejar de tomar," le dijo ella. "Me alegro que es sólo un hábito, así que puedes deshacerte de él."

"Lo haré."

Entonces vino el período de dejar y no dejar de tomar. Trató de cambiar su rutina pero no pudo. Un día no fue a almorzar. Se quedó en su oficina y oró. Cuando regresó a casa esa noche sin pasar por el bar, le dijo a su esposa que había orado y nada ocurría.

"Estás en casa y no has estado bebiendo," le dijo ella, "eso es algo".

Juan no lo creía. Pensaba que Dios no quería hablarle. "Bueno, haz un buen contacto con tu ángel", le dijo su esposa, "siempre hay uno por los alrededores."

Encontró que le era más fácil hablar con su ángel. Juan le dijo al ángel que si no sabía nada sobre la curación del hábito de la bebida, entonces debería ponerse en contacto con otros ángeles que lo sabían y pronto. Había días cuando Juan odiaba al ángel. Se puso de tal forma que veía o sentía al ángel cada vez que se daba la vuelta.

El ángel empezó a sacudirle los hombros cada vez que iba a tomar un trago. A veces lo detenía cuando iba a entrar al bar, Juan no podía empujar la puerta para abrirla A veces el ángel hacía que fuera imposible para Juan alzar su vaso, así Juan derramaba muchos tragos.

Pasó algún tiempo antes de que Juan pudiera ver esta situación graciosa. Entonces un día le dijo: "Angel, te estás aprovechando de mí. ¡Le has quitado el gusto a la bebida!" Por ahora se había olvidado de que ésa fue la razón por la cual le había pedido ayuda.

Cuando Juan empezó a disfrutar de este juego con el ángel, el hábito ya estaba en camino de curación. Juan pensó en lo que había estado orando con el ángel, e hizo sus propias afirmaciones:

"No tengo que hacer esto solo. Tengo toda la ayuda que necesito para romper el hábito de la bebida. Tengo la ayuda de mi ángel o cualquier cosa o cualquier persona que Dios piense que me puede ayudar, o que necesito. La curación de mi deseo de consumir licor es completa. Todo en mi vida está bien nuevamente. ¡Dios, me alegro de haberme curado!"

El hábito del cigarillo también puede eliminarse. Nélida era una mujer hermosa que usaba ropa muy elegante y perfumes muy caros y exquisitos. Su marido la adoraba. El dejó de fumar y el hábito del cigarillo de ella empezó a molestarle. El sabía que se sentía mucho mejor no fumando. Conocía todos los efectos negativos del cigarillo en el cuerpo y no quería que afectaran a Nélida. Además, por primera vez se dio cuenta del olor a cigarrillo que tenía su esposa. Esto realmente lo contrarió. Su esposa se reía de él a medida que se ponía una fragancia delicada.

Ella no se rio el día en que él le dijo que había cancelado todas las tarjetas de crédito y su cuenta bancaria. "Quiero seriamente que dejes de fumar," le dijo. "No hay sentido en que compres cosas lujosas y que después las envuelvas en ese humo tan nauseabundo. Costearé tus gastos, pero no lujosamente, mientras continúes fumando. Una vez que termines los que tienes ahora, usarás perfumes baratos. Todo, incluso lo más barato, es una pérdida mientras continúes fumando."

"Creo que hablas en serio," le dijo ella al fin.

El habló en serio. Ella fue a ver a su abogado. El se rio mientras la escuchaba y le dijo: "Mi consejo es que dejes de fumar. No te perjudicará el dejarlo. Te puede salvar la vida. Si tu esposo se siente tan determinado en esto, ¿por qué contrariarlo? Por supuesto, no puedes tener buenas razones para no dejar de fumar. ¿Por qué no dejar este hábito? Tienes mucho que ganar y nada que perder. Legalmente...." él continuó, pero ella no quería escuchar.

Ella no fumó por dos días, para convencerse de que sus ropas olían. Así fue. Parecía que todo estaba en su contra. Todo lo que leía mencionaba los peligros del cigarillo. Compró una revista religiosa en la cual un escritor decía que era difícil verle la cara a Dios a través del humo.

Después alguien le dijo en broma, pensó ella, que sólo los gusanos comían las hojas del tabaco. Se rindió.

"Dios," ella oró, "todo está en contra de que fume. Ayúdame a sobreponerme para que deje de preocuparme por esto. Necesito toda la ayuda que Tú puedas darme. Me siento derrotada y herida, como si el mundo me estuviera golpeando. Cura mi deseo de fumar y cura mis heridas."

Encontró que la ayudaba el pensar en el hábito de fumar como una enfermedad. Ella creía en que las enfermedades podían curarse; no estaba segura de que ocurriera así con su hábito de fumar. "Si estuviera seriamente enferma lo sabría y podría ser curada," decía. "Tengo que pensar así sobre el fumar. Muchos pensamos de la misma manera. El curar un resfriado o incluso una fractura, si es posible; pero ¿sobreponerse al deseo y hábito del cigarillo? Bueno, ¡eso es algo diferente!"

Nélida usó afirmaciones sanadoras para mantener su mente en la curación:

"No soy esclava de ningún hábito. Soy libre. No necesito fumar. Ni siquiera deseo fumar. Sólo deseo las cosas que son para mi bien. Gracias por Tu ayuda. No podría hacerlo sola."

No tenía que hacerlo sola. Cuando su marido vio que ella estaba tratando seriamente de dejar su hábito, hizo muchas cosas para ayudarla. Después de todo, él había pasado por el mismo "dejar de fumar" y sabía lo que ella experimentaba. Cuando pedimos la ayuda de Dios para deshacernos de un hábito, nunca tenemos que hacerlo solos. Incluso cuando se trata de un mal genio tremendo que debe curarse, uno como el que tenía Patricia.

Patricia arrojaba cosas cuando se enojaba y gritaba. Se enojaba por lo más mínimo. Su familia había tratado de evitar situaciones que la enojaran, pero no siempre lo conseguían. Después de cada explosión, Patricia se sentía físicamente enferma y llena de remordimientos.

Ella lamentó el haber destruido tantos objetos, siendo algunos de ellos regalos invaluables, de gran valor sentimental e insubstituibles. Cuando planeaba casarse sus padres le dijeron que, si ella no le prevenía al novio sobre su mal genio, ellos lo harían, porque temían que arruinara su matrimonio. Patricia se encolerizó. Ella nunca se enojaría con Roberto. Sus padres no se alteraron. El era demasiado bueno, decían, para ser herido por un mal genio tan irrazonable y caprichoso.

"¿Qué puedo hacer, Dios?" sollozaba esa noche, "no quiero herir a Roberto y no quiero poner en peligro este matrimonio antes que ocurra. ¿Qué puedo hacer?"

Lloró hasta quedarse dormida. Cuando se despertó estaba agotada. Se sentía igual que después de sus pataletas. "¡Oh, ninguna emoción vale nada!" decía golpeando su almohada. "Tengo que hacer algo, quiero casarme con Roberto, ¿qué puedo hacer?"

Parecía haber una respuesta en su mente: "Tienes que orar en vez de enojarte".

Eso es lo que hizo. No le fue fácil, pero encontró dos afirmaciones que la ayudaron:

"Quiero más a Roberto que a mi mal genio.

Dios me está ayudando a lograr mi matrimonio. Rechazo destruir la posibilidad de mi matrimonio o cualquier otra cosa."

No, no fue fácil, pero la curación llegó.

Los malos hábitos también se pueden curar. Una mujer que descubrió que se aclaraba la garganta constantemente, usaba lo siguiente: *"No hago nada que moleste a otros y los distraiga. No tengo hábitos nerviosos. Estoy tranquila todo el tiempo. Dios me da Su paz ahora."*

Un hombre que era demasiado gordo, controló su hábito de comer en exceso, diciendo: *"No como innecesariamente. Quiero sólo lo que mi cuerpo necesita ahora. Ingiero sólo comidas nutritivas para mi cuerpo. No como en exceso. Dios controla mi apetito y mi peso".*

Un niño de diez años no había podido dejar de mojar su cama. Quería liberarse de esta condición. Había tratado muchas veces pero esta vez quería tratarlo con la ayuda curativa de Dios. Sabía que: *"Dios elimina mis deseos de tomar líquidos innecesarios y regula las funciones de mi cuerpo de manera que nunca más moje mi cama. Duermo en una cama limpia y seca todas las noches. Dios siempre responde a mis oraciones."*

Pocas noches después, pasó una en la cual no mojó la cama. Después vinieron muchas más noches exitosas, hasta que él y su familia se olvidaron de que había habido una temporada en que su cama debía cambiarse más de una vez cada noche.

Ese niño, así como otros, había reconocido la necesidad de curación. El pidió la ayuda de Dios y su curación. El la esperaba y la curación llegó.

La mayoría de nosotros tenemos hábitos que debemos eliminar. Algunos hábitos interfieren con nuestros modos de vivir más efectivos y mejores; otros hacen daños menores —pero todos pueden ser abandonados.

Gracias Dios, no tengo que continuar con este

hábito.

Gracias Dios, no tengo que romper este hábito yo solo.

Gracias Dios, tengo toda la ayuda que necesito para curar este hábito.

Gracias Dios, sé qué hacer en cada momento.

Gracias Dios, sé qué hacer en su lugar.

Gracias Dios, este hábito queda eliminado para siempre.

Gracias Dios, soy sano ahora.

VII La curación de las relaciones

Cuando decimos: "Tú me enfermas", puede que no queramos decir realmente eso; pero si nos enfermamos luego, debemos recordar lo que dijimos. Muchas veces es "quién" y no "qué" lo que nos hace enfermar. Dejamos que nos influya lo que la gente haga y diga, y por estar perturbados, nuestros cuerpos reaccionan y nos enfermamos. *Ellos* hacen que nos enfermemos. Hemos dejado que *ellos* nos hagan enfermar. Muchas de nuestras relaciones humanas influyen en que seamos saludables o no. Pueden hacernos enfermar y pueden evitar que nos mejoremos.

Esto no es sorprendente. Sabemos cómo se siente nuestro cuerpo aun antes de ver a alguien que no queremos ver. Podemos estar física y emocionalmente agotados después de un encuentro con cierta persona. Nos puede tomar varias horas e incluso días para sobreponernos de un encuentro desagradable con alguien. Nos cansamos más rápido y no trabajamos bien cuando tenemos que estar con personas incompatibles. Indudablemente la mayoría de las "úlceras de negocios" no son causadas por el trabajo sino por individuos. Es muy difícil mantenernos sanos cuando no nos llevamos bien con miembros de nuestra familia o nuestros compañeros de trabajo. Otras relaciones pueden ser problemas para nosotros, pero es con la familia y los compañeros de trabajo con los que pasamos la mayor parte de nuestro tiempo: ellos están constantemente con nosotros; no podemos evitarlos. Sin embargo, no tiene que ser una relación a largo plazo la que nos enferma; un solo contacto puede debilitar nuestra salud. Cuando tenemos un problema físico que no responde a tratamiento es aconsejable analizar nuestras relaciones para encontrar una posible causa.

Generalmente sabemos qué relación nos está causando la enfermedad. Si no nos llevamos bien con nuestro marido, esposa o jefe, entonces ésta es una situación que debemos curar antes que podamos esperar que la condición de nuestro cuerpo mejore permanentemente. Si hay una relación que necesite curación, debemos sanarla, incluso si no ha habido una reacción física. Algunas veces tenemos que dedicar un tiempo a pensar en nuestras relaciones para averiguar cuáles son las que nos hacen enfermar físicamente.

Dora resistía creer que el no llevarse bien con su cuñada tenía algo que ver con su condición física crónica. Su médico era un amigo de muchos años. Un día le dijo, sacudiendo la cabeza al escuchar sus quejas de no sentir mejoría, "Dora, debe haber algo que te devora las entrañas, de otro modo ya habrías salido de esto".

¿Devorar sus entrañas? ¿Qué puede significar esto? El sugirió que pudiera haber una decepción muy seria o un sentimiento muy herido, o, "tal vez hay alguien que no puedes soportar". Esto tenía sentido. Podía ser esa relación la causa de su enfermedad. Ciertamente había una persona que ella no podía soportar, una cuñada. Dora se llevaba bien con toda su familia política excepto con ella. Dora tenía que pasar mucho tiempo con ella, pues los dos hermanos eran socios de un negocio. No había modo de escapar de esa mujer. Dora tenía que hacer algo sobre sus reacciones y no sería muy difícil una vez que ella supiera lo que tenía que hacer.

Después de pensar y orar, se dio cuenta de que lo que ella y su cuñada necesitaban era paz. La otra mujer siempre estaba irritada por algo. Dora pensó en la paz, particularmente en las palabras de Jesucristo: "Mi paz os doy". Cuando meditaba, pensaba en estas palabras. Las repetía cada vez que pensaba en su cuñada. Dejó de perder el tiempo deseando que cambiara o no verla nunca más . Repetía una y otra vez: *"Mi paz te doy. Tú estás en paz. Yo tengo paz. Mi mente está en paz, mi cuerpo está en paz. Tenemos paz cuando estamos juntas"*.

Planeaba un tiempo de descanso antes de que se encontraran para asegurarse de que "había acumulado paz y la había distribuido por toda su casa". Mientras su cuñada estaba en su casa, Dora trataba de no escuchar toda la indignación que le "brotaba" de los labios, ella repetía varias veces: *"Te doy mi paz"*. Cuando se preparaba para el encuentro con la cuñada, Dora se dio cuenta de lo mucho que "se había armado" en el pasado cada vez que debería de haber una "confrontación". ¡Con razón su cuerpo reaccionaba a la tensión de estas visitas!

El cambio en ella misma y el cambio que ocurrió en su cuñada la sorprendió. Dora llamó lo que estaba haciendo para curar esta relación, "paz mágica". Cuanto más usaba sus afirmaciones de paz, más paz sentía ella, y tenía más paz en su contacto con otras personas. Descubrió que ya no temía las reuniones familiares y, aunque nunca fueron amigas íntimas, su relación no era desagradable. Dora puso en práctica su "paz mágica" con toda persona. "Puede que ayude a otros, verdaderamente me hace sentir diferente. Espero nunca más permitir que mi reacción hacia otra persona me cause enfermedades."

Muchas veces permitimos que otros nos hagan enfermar. Nuestras reacciones hacia otra gente siempre dependen de nosotros. Así como Dora primero trabajó para encontrar paz dentro de sí, debemos usar nuestra propia "magia" espiritual en nosotros antes que podamos tener éxito en trabajar con otros. Realmente no tenemos que preocuparnos por la otra persona — sólo por nosotros mismos. Nuestras reacciones son las que nos hacen enfermar, no la otra persona o sus acciones. Por supuesto que querremos compartir con todos el bien que nos beneficia. Pero no debe preocuparnos si la otra persona cambia o no para que podamos librarnos de los resultados dañinos de una relación; podemos hacer algo por nosotros. Raramente podemos hacer algo por la otra persona; casi nunca, hasta que primero hayamos hecho algo por nosotros. Nuestra "magia" espiritual nos ayuda a cambiar las formas de reaccionar a personas que "nos enferman".

Justina no estaba enferma físicamente, pero sabía que tenía una relación enfermiza que curar y que debería hacerlo rápidamente, antes que causara problemas en su negocio. Tenía una tienda de modas y raramente había tenido dificultades con sus empleadas. A menudo, cuando había dependientas nuevas, transcurrían unos días de sospecha y celos hasta que ellas se amoldaban a, lo que Justina llamaba, su familia. Esta vez las dos nuevas jóvenes parecían ponerse en contra de las otras empleadas. No era una competencia amigable. Cuando estas dos no estaban ocupadas con clientes, una se acercaba a la puerta mientras la otra se quedaba cerca del teléfono para monopolizar a todos los clientes "que entraban" y "que llamaban".

Justina les habló, no sobre su conducta, sino para saber sobre su experiencia y pasado. Ella descubrió que eran lo que llamaba "militantes juveniles", militantes por tener menos de veinticinco años de edad. No reaccionó o dijo nada cuando ellas sugirieron que despidiera a las "viejas" dependientas que tenía, para que tuviese una " tienda a la moda". Las jóvenes tenían muchas ideas buenas. Sospechaba que pensaban que ella ¡era muy vieja también! Oraba: "Padre mío, ¿qué hago ahora? ¿Qué puedo hacer? Tú tendrás que guiarme".

Todo ese día Justina se decía a sí misma: *"Mi Padre me guía a hacer que el ambiente de esta tienda sea feliz nuevamente. Su amor sanador está activo ahora. Me dirá qué debo hacer en el momento propicio para que seamos felices, exitosas y prósperas".*

Fue un día muy agitado. Al terminar la tarde Justina se había olvidado de "la enfermedad" de la tienda. Le gustaban las personas y le encantaba ayudar a las clientes encontrar ropa que les luciera bien. Yendo al depósito, cuando atravesó la puerta, sintió algo pesado, oprimente, obscuro, horrible. La habitación estaba llena de esto, una de las jovenes nuevas murmuraba algo a una de las empleadas mayores. Al escuchar a Justina, se calló, se dio la vuelta y salió. Con ella salieron la mayoría de los sentimientos negativos, pero no todos. Antes que Justina pudiera decir nada, la otra mujer también salió. El sentimiento abrumador desapareció. Las dos se habían llevado consigo sus sentimientos negativos. Estaban cargadas de tal odio que Justina estaba atemorizada. *¿Qué es lo que uno puede hacer respecto a un odio como éste?*

La respuesta llegó: "Supera ese odio con amor".

Una de las empleadas que había trabajado allí por más tiempo pasó por el escritorio de Justina antes de irse y le dijo que renunciaba. Rápidamente Justina respondió: "No tomamos decisiones a estas horas del día. Ven temprano mañana. Hemos estado muy ocupadas hoy". La joven que había estado en el depósito pasó por el escritorio también y dijo: "Deja que se vaya, tu negocio estará mejor sin ella". Justina no respondió.

Justina se quedaba en la tienda hasta tarde, después que todas se habían ido. Rehusaba recordar al depósito lleno de odio. Trató de sentir que la tienda estaba llena de amor, que el amor estaba en los hogares de cada una de sus empleadas, que el amor estaba a cargo de sus vidas y actividades. Debería haber comprensión, respeto y sabiduría para cada una de sus empleadas en la tienda . Dios tenía que guiarlo todo y a cada una de ellas. Hizo tres afirmaciones fuertes que usó al orar, meditar y declarar toda la noche:

"Dios está a cargo de esta tienda, no yo.

Dios está curando todos los sentimientos negativos en esta tienda ahora.

Todas trabajamos para Dios, no para nosotras y somos felices, exitosas y prósperas".

Dios se hizo cargo; la tienda cambió —no repentinamente, pero cambió. Justina estaba agradecida por cada indicación de mejoría. Sabía que la victoria era de Dios cuando una de las jóvenes nuevas renunció para irse a otro trabajo mejor —¡aunque realmente no quería irse! "No entiendo," le dijo a Justina, "incluso me gustan las...viejas, no, no debo llamarlas así. Son gente maravillosa. Y tú, bueno, ¡tú eres fenomenal!"

Podemos aprender mucho de Justina. No sólo ayudó a curar una situación discordante sino que reconoció la "enfermedad" antes de que empeorara. Tenemos que estar siempre alerta a los contactos con personas que son desagradables y prestar atención a cómo reaccionamos hacia ellas. Algunas veces parece que caemos en el medio de una situación muy grave. Si es así, debemos evitar "contagiarnos" de lo que los otros se pasan uno al otro.

Gustavo se encontró en tal situación cuando lo trasladaron a una oficina grande en su compañía. Era un nido de rivalidades, calumnias y politiquerías. El había pasado por esto antes, y una experiencia de curación espiritual contra la alta presión le enseñó a cuidarse de sus relaciones. Debido a que rehusaba "jugar" lo que otros jugaban, lo consideraban al principio un extraño. Gustavo no dejó que esto le molestara. Continuó con las afirmaciones que había usado:

"Ninguno de nosotros desea competir con los otros. Ninguno necesita temer a los otros. Existe abundante éxito y reconocimiento para todos. Todos somos buenas personas y nos llevamos bien con la ayuda y guía de Dios".

Le vinieron dos ideas a la mente, que hicieron

que las cosas fueran diferentes en la oficina. Comenzó con unos juegos durante los recreos que contribuyeron al desahogo de muchas de las rivalidades personales. Después averiguó las fechas de los cumpleaños y los empleados se dieron cuenta de que les era difícil mantenerse enojados cuando la mayoría cantaba "Feliz Cumpleaños". Con el transcurso de las semanas, las relaciones en la oficina sanaron y se obtuvieron muchos beneficios. Casi no hubo ausencias debido a enfermedades, los negocios aumentaron y la oficina ganó varios premios de la compañía. Muchos de los empleados fueron ascendidos y transferidos a posiciones administrativas superiores. La curación había llegado. Algunas veces cuando aprendemos cómo curar, nos encontramos en situaciones donde debemos aplicar lo que hemos aprendido. Se nos ha dado libremente y libremente debemos compartirlo. Cuando lo hacemos estamos protegidos contra cualquier relación nueva no saludable.

La curación puede ocurrir en cualquier relación —incluso en la "enfermedad" que pueda existir entre esposa y suegra. Ruth no podía hacer nada que complaciera a su exigente suegra, quien continuaba pensando que su hijo era un niño pequeño y el único que importaba. Al principio Ruth le temía, después la resentía, después la odiaba. Entonces, Ruth se enfermó y no sabía la causa. Cuando pensó en la posibilidad de que la causa era la relación con su suegra, no sabía cómo curarla porque había sido tan mala durante tanto tiempo. Ruth estaba segura de que nada de lo que hiciera o dijera cambiaría a su suegra. Sintió alivio cuando se dio cuenta de que la curación de relaciones no tiene nada que ver con el cambio de la otra persona —sino con el cambio de nuestras actitudes hacia ellas y nosotros mismos. Ruth no sabía cómo podría ver a su suegra de una manera diferente, "Tendré que trabajar conmigo misma primero," dijo.

Recordó que la duración de una condición física y la seriedad de una aflicción nunca detuvieron a Jesucristo. El hombre que había estado esperando su curación junto al estanque por treinta y ocho años y la mujer que tenía un flujo de sangre, habían sido curados. El poder curativo de Cristo los sanó. Ella quería curación ahora:

"El poder sanador de Cristo trabaja en mi mente y cuerpo curándome ahora. Su poder curativo sana esta situación con mi suegra ahora. Se establece ahora y se mantiene una buena relación entre las dos con la ayuda de Dios. Ya no la odio ni le temo. Todo está bien entre las dos ahora".

La salud de Ruth empezó a mejorar, lenta pero seguramente. Los sentimientos entre ella y su suegra mejoraron. Existían menos exigencias y críticas. No fue rápido ni fácil, pero Ruth estaba resuelta a no permitir que lo que pensara de su suegra le causara enfermedades. A medida que persistía con sus oraciones comenzó a desarrollarse una buena relación entre las dos.

Angelita descubrió que la relación que necesitaba curar era su relación con Dios. Ella y Dios, como ella decía, habían desarrollado una relación tensa. Había un vacío en su vida que nada podía llenar. Tenía una aflicción física tras otra. Finalmente ella supo la razón: había separado a Dios de su vida y no estaba "en buenos términos" con El.

"Dios, quiero que seamos amigos nuevamente. Te extraño. No puedo seguir adelante sin Ti. Te quiero en mi vida ahora. Me comunicaré contigo de ahora en adelante. Te necesito y quiero."

Así como en todas nuestras relaciones, también en nuestra intimidad con Dios tenemos que mantener una comunicación. Ninguna relación se mantiene viva y activa si no existe una comunicación regular. Angelita se sintió extraña al principio, así como nos sentimos cuando volvemos a estar con un amigo después de una separación larga. Después se olvidó de esto, empezó a sentirse mejor físicamente. Estaba más contenta y recobró la intimidad que había tenido con el Padre morador.

El poder curativo de la naturaleza de Dios siempre funciona cuando se le permite trabajar. No existe enfermedad en las relaciones que el poder curativo de Dios no pueda sanar. No importa quién nos esté causando la enfermedad, podemos curarnos. La relación puede convertirse en lo que debe haber sido.

Gracias Dios mío, todas las relaciones pueden sanarse.

Si la actitud de la gente me enferma, puedo curarme y nunca más me causará enfermedades.

Traigo la paz de Jesucristo en todas mis relaciones.

Tengo paz con todas las personas ahora.

No existe enfermedad en mis relaciones.

VIII *La curación de los recuerdos*

Generalmente un psiquiatra necesita más de una sesión para poder diagnosticar las enfermedades de sus pacientes y encontrar lo que está escondido en sus subconscientes que les causa dificultades. Los síntomas nunca demuestran el problema completo. Muchos factores pueden ocasionarlo. Los estudiantes dicen mucho más de lo que piensan decir en sus composiciones y exámenes. Los niños revelan mucho durante sus juegos. Si alguien realmente escucha, los adultos dicen más que palabras en sus conversaciones triviales.

Muchos tratamos de investigarnos y diagnosticarnos a nosotros mismos. Los exámenes de nosotros mismos son divertidos y pueden ser reveladores. Pero lo que debemos explorar diligentemente es nuestra memoria para averiguar si hay necesidad de curación. Una canción (en inglés) dice que los recuerdos "nos bendicen y nos consumen". Los recuerdos que bendicen no son problemas, los recuerdos que dejan heridas y cicatrices son los que causan dificultades, algunas veces por toda una vida.

Diferentes a las quemaduras y cortaduras, los recuerdos que hieren no son visibles y, cuando sabemos que una experiencia ha sido difícil y dolorosa, no nos damos cuenta siempre de la profundidad del daño hecho. Cuando somos niños, no sabemos qué hacer durante los acontecimientos dolorosos; a medida que crecemos tratamos de "sobreponernos". Lo hacemos de formas diferentes: podemos tratar de olvidarlo completamente; tratamos de hacer algo para compensar; planeamos desquitarnos. Casi nunca podemos olvidar el hecho, aprender de éste lo que podemos, bendecirlo y seguir adelante sin asignarle valor emocional.

Yo conocí a un señor que podía dejar ir lo sucedido. Cuando la gente actuaba de manera inapropiada alrededor de él o con él, lo desechaba como un hecho y, sin un trazo de rencor, les decía: "¡bueno, que tengas buena suerte!" Y realmente lo sentía así. Eliminaba los malos sentimientos. Rechazaba los malos sentimientos sobre lo sucedido. Eliminaba de su mente a las personas y no albergaba en su memoria sentimientos de rencor. Daba por terminado todo el asunto.

Muy a menudo la manera en que queremos eliminar algo desagradable es como tratar de poner un globo en un cajón demasiado pequeño. Parte del globo sigue saliendo por alguna parte cuando empujamos otra. La curación de los recuerdos es la única manera de cuidar de las situaciones que hemos permitido que permanezcan infelizmente en nuestra memoria. Los recuerdos que nos consumen se exteriorizan como enfermedades, escasez, desdicha, rasgos desagradables de personalidad y toda clase de consecuencias indeseables.

Mi primera experiencia con la curación de los recuerdos como terapia espiritual surgió de una conferencia sobre el tema, presentada por Agnes Sanford, la famosa líder episcopal del programa de curación por fe en esa iglesia. Ella encontró que ciertas condiciones persistentes, que no se podían curar de otra manera, respondían a esta clase de curación de recuerdos. Había resultado ser un método exitoso para ella. Ha ayudado a muchas personas que ella conoce. La Sra. Sanford hacía que sus pacientes se remontaran mentalmente al día que nacieron. Podemos regresar a la Navidad pasada, los años escolares, una boda, el nacimiento de un hermano o una hermana, o cualquier otro momento. Nuestra búsqueda de un recuerdo doloroso tomará algún tiempo porque nuestro subconsciente, el guardián del depósito de nuestros recuerdos, es un maestro en el camuflaje y disimulo y quiere salvar las apariencias. Quiere siempre prevenir que enfrentemos cosas desagradables en nosotros mismos, ¡aunque no tiene ningún remordimiento en hacernos sufrir por lo que ha acumulado! Trabaja sobretiempo previniendo que la mente consciente sepa lo que está ocurriendo inconscientemente. Cambia y embellece nuestros deseos, reacciones y emociones. Aun durante nuestros sueños, nuestros deseos verdaderos surgen en forma de símbolos.

Si tenemos un problema de curación o cualquier otra condición discordante que persiste a pesar del esfuerzo sincero de eliminarlo, entonces debemos tratar de curar nuestros recuerdos. Generalmente nos sorprendemos cuando empezamos a pedirle a nuestro subconsciente que haga recordar el pasado. Algunos recuerdos nos sorprenden ya que, aunque recordamos el perjuicio, hemos madurado suficientemente para ver lo ridículo que era reaccionar como lo hacíamos. Algunos recuerdos serán de alegrías, algunos nos divertirán, pero algunos serán horribles. Algunos serán tan terribles que desearemos no haber empezado a recordar. Pero cuanto más recordamos, más seguro estamos de que nuestra curación va encaminada correctamente. Aunque podemos generalizar nuestras oraciones para la curación de los recuerdos, tenemos mejores resultados cuando buscamos un recuerdo penoso y lo tratamos específicamente.

Una señora pasaba por momentos difíciles, y parecía que todo le impedía hacer lo que deseaba, no importaba lo trivial que fuera su deseo. Enfrentaba muchas responsabilidades nuevas y muchas desilusiones. Ni siquiera tenía el tiempo o lugar para estar a solas y recordar el pasado. Había siempre gente a su alrededor en la oficina y en la casa, y viajaba con otras personas durante la semana y los domingos, ¡hasta compartía su dormitorio temporalmente! Pero se dio cuenta de que no necesitaba mucho tiempo, simplemente aprovechaba un minuto o dos. (¡Una mente activa puede cubrir mucho en sólo unos segundos!)

Una noche llovía cuando llegó a su casa del trabajo. La lluvia se hacía más y más intensa. El resto de la familia se había retrasado. Al principio ella se preocupó, después vio esto como una oportunidad para estar sola. Antes de esto su mente no había buscado ningún recuerdo. Ahora uno venía: de repente fue como si estuviera en la hacienda de su abuelo. Llovía fuertemente. La habían dejado sola, mientras los mayores se fueron al pueblo. El viento soplaba fuertemente. Un árbol cayó a través de los peldaños de la terraza cubierta donde ella jugaba. El viento golpeó la puerta principal de la casa y la cerró. Ella estaba atrapada. Pasó mucho tiempo antes de que la familia regresara debido al agua en los caminos. Ella recordó el sentimiento de desolación, el terror que sintió, toda clase de reacciones —y estos parecían ir en dirección paralela a lo que ella sentía muy a menudo: un sentimiento de desolación, de estar atrapada por las responsabilidades y por la gente. Incluyó la palabra *atrapada* en negaciones y afirmaciones que la ayudaron a liberarse de ese sentimiento de que no había sido dueña de su vida por tanto tiempo.

"No estoy atrapada por ninguna condición, circunstancia o persona. Nada, ninguna persona, decide lo que mi vida ha de ser. Dios y sólo Dios dirige mi vida. Soy libre, libre para ser todo lo que Dios desea que yo sea. Absolutamente ningún recuerdo interfiere con mi bien. Todos los recuerdos que de algún modo me hieren se disuelven por medio del Padre."

Muchos otros recuerdos vinieron a su memoria. Estaba contenta de poder recordar, aun los recuerdos tristes que traían consigo otros dolorosos recuerdos. Ella continuaba usando sus afirmaciones y las circunstancias mejoraron en su vida. Cuando dejó de pensar que estaba atrapada (y fue más fácil hacer esto después que recordó la experiencia de su niñez), ella dejó de sentirse así. Algunas personas desaparecieron de su vida; la persona que había estado compartiendo su dormitorio se fue; algunas de sus responsabilidades fueron eliminadas. Todo parecía mejor, y lo era.

Cuando recordamos incidentes tristes, tal vez en los que debimos haber participado y no lo hicimos, no debemos dejar que ellos nos depriman. Lo que fuimos entonces, lo que hicimos, las razones y motivaciones que tuvimos, no son reales para nosotros ahora. Ya no necesitamos que esos sentimientos y hechos anteriores nos afecten. Cuando revivimos un sueño, lo podemos eliminar para siempre para que no tenga poder sobre nosotros ni dirija nuestras acciones. Podemos decir: *"Gracias, Padre, por haber permitido que recuerde eso. Gracias por la curación de cualquier herida que ha causado. Gracias por ayudarme a aprender de esta experiencia y a seguir adelante para ser la persona feliz y afable que me corresponde ser, haciendo aquello que es próspero y victorioso. Ese recuer-*

do ya no tiene poder en mi vida. Lo he conquistado".

Un vendedor que tenía un territorio muy grande que cubrir parecía atraer sólo problemas en su vida. Sus clientes a menudo cambiaban de parecer. Rehusaban sus pedidos al tiempo de entrega. Muchos clientes discutían sobre las facturas, diciendo que los precios no eran los acordados. El vendedor había tratado de ser sincero y dar buen servicio; esperaba lo mismo de sus clientes. Tenía mucho cuidado al hablar y escribir sus pedidos claramente. Oró sobre esto. Tenía conocimiento de la curación de recuerdos y se interesó en ella.

Tomó dos días libres para curar sus recuerdos. Se hospedó en un hotel donde nunca se había quedado y pidió que no lo molestaran. Oró por guía y comprensión. Trató de recordar el pasado lo mejor posible; pensó en sus padres, su hermano, su hermana, su esposa, sus hijos. Pensó hasta en sus profesores. Recordó muchos asuntos, pero nada parecía importante. Decidió ir de paseo.

Caminó un trecho largo y llegó a una escuela donde jugaban unos niños. Los columpios y toboganes estaban llenos, todas las barras estaban en uso. Un niño que había estado jugando en los toboganes se aproximó al lugar de los columpios. Pidió un turno en un columpio. Nadie ofreció darle uno. Después un niño en voz alta le dijo que se fuera; comenzó una pelea. El niño del columpio se impulsó para volver a columpiar. El otro niño se apartó pero no lo suficientemente rápido. El muchacho en el columpio resbaló, salió volando del columpio, cayó, se golpeó la cabeza en el suelo y se torció una pierna. Su frente empezó a sangrar.

"¡Está herido¡ ¡Es tu culpa! ¡Tú lo empujaste!", los niños empezaron a gritar al niño que quería el columpio.

"¡No, no lo empujé, él se resbaló por sí solo!" gritó el niño.

"¡Tú me empujaste!" empezó a gritar el niño herido, "¡Tú me empujaste! ¡Tú me hiciste caer! ¡Tú lo hiciste!"

A medida que el vendedor se aproximaba rápidamente hacia los niños, las palabras se repetían en su mente: "Tú lo hiciste. Tú lo hiciste. Tú lo hiciste". Se encontraba en otro parque de juegos; había nieve. Los niños jugaban con trineos. El quería montarse en un trineo grande, pero un niño mayor no lo dejaba. Entonces éste resbaló encima de la nieve y cayó, virando el trineo de manera que cayó sobre uno de los patines. Se cortó la cara. Los otros niños vinieron corriendo y gritando:" ¡Tú lo empujaste! ¡Tú lo hiciste caer!" Los profesores creyeron que era su culpa.

Recordó cómo se veía la cara del niño a medida que cicatrizaba. Recordó a su madre quien decía: "¡Si lo hiciste, dilo. La gente nunca te querrá o te tendrá confianza si no dices la verdad. Todos dicen que lo empujaste. ¿No quieres que la gente te crea?"

Eso fue hace mucho tiempo. El podía hacer algo por ese niño en el parque ahora. "Te llevaré adentro," le dijo al niño herido. Cuidadosamente puso su pañuelo sobre los rasguños de su frente. Luego se dirigió hacia los niños. "El está bien. Tú no lo empujaste," le dijo al niño que se había mantenido a distancia de los demás. "Yo lo vi todo. Ustedes saben que él no lo hizo. Este niño estará bien. Ahora todos ustedes compartan los columpios y no culpen a la gente por cosas que no ha hecho. El niño se resbaló del columpio, no fue empujado, yo lo vi."

El vendedor se sintió mejor. Este niño no llevaría lo que él evidentemente había estado cargando todos esos años: un sentimiento de injusticia junto con la creencia de que nadie nunca tendría fe en él.

"La gente me cree ahora, Padre mío, me creen. Saben que presto buen servicio y soy honesto en todo. Lo que ocurrió hace mucho tiempo ya no

tiene ningún poder sobre mí. Todas las heridas de este recuerdo se sanan ahora."

Los clientes no cambiaron de la noche a la mañana pero el vendedor sabía que tendría clientes que confiarían en él. Su negocio mejoró; los desengaños irritantes terminaron. Se sintió libre como nunca antes y dueño de sí.

No es bueno sentirse limitado y estar atado a algo, aun a un recuerdo. El pasado debe terminar. Debemos aprender lo que necesitamos de éste y seguir adelante. No debemos aferrarnos a los daños, desengaños y errores del pasado. La curación de las heridas es una de las maneras de liberarnos de las acciones que nos han hecho daño hace mucho tiempo. Nunca es suficiente el saber lo que nos hiere; tenemos que saber qué hacer sobre ello. Cuando curamos un recuerdo no solamente eliminamos el poder del recuerdo, sino que reparamos también el perjuicio causado, protegiéndonos contra posibles daños futuros.

Ningún recuerdo es tan profundo, tan intenso que no pueda curarse completamente. Ningún recuerdo puede interferir con nuestro bien una vez que lo hemos descubierto. Podemos liberarnos del pasado y no ser afectados por éste. Aun los recuerdos de hechos erróneos pueden ser sanados, de manera que sólo quede el bien que hemos aprendido a hacer. Las conmociones se pueden curar. Se puede olvidar y curar el desengaño. Cuando sanamos los recuerdos, curamos las condiciones del presente y aseguramos futuros mejores y saludables. Podemos ayudar y prevenir que los recuerdos tristes permanezcan en nuestro subconsciente, pues ya no queremos que los recuerdos dolorosos interfieran con nuestro bienestar.

Debemos agradecer la habilidad de nuestras mentes de registrar toda información, sin embargo, podemos hacer que el subconsciente no almacene recuerdos desagradables y momentos infelices. Podríamos hablarle al subsconciente de esta forma: *"No almacenes nada que pueda dañarme una vez más. Quiero guardar sólo buenas memorias, las que me ayudarán en lugar de dañarme. Retén sólo el bien de cada experiencia. Gracias por guardar mis buenas, felices y útiles memorias"*.

Sí, podemos curar los recuerdos del pasado y presente.

Dios sana todos los recuerdos que necesitan curación.

Ningún recuerdo me perjudica ahora.

Sólo tengo recuerdos buenos y útiles.

IX *La curación de los fracasos*

Los fracasos nos pueden causar enfermedades y podemos estar cansados de nuestros fracasos. Un fracaso puede ser inesperado y repentino, puede anticiparse o puede ser crónico. A veces aparenta ser congénito. No importa cómo viene el fracaso o el diagnóstico que demos a sus causas —debe curarse y puede curarse. Y cuanto antes pongamos en marcha su curación, mejor para todos. Nunca queremos fracasar. Esto es bueno porque la verdad maravillosa de nosotros es que no tenemos que ser fracasos. Si lo parecemos, podemos esperar una curación y poder tener éxito en cualquier aspecto de nuestras vidas. Lo bueno al decidir que nuestros fracasos tienen curación es que cada momento que decidimos que una curación es posible, nuestros fracasos comienzan a separarse de nosotros.

A veces parece que queremos abrazar nuestros fracasos. Lo hacemos en parte para protegerlos. Pensamos que los estamos ocultando de los ojos de la gente. Es malo el fracasar, pero es peor que todos sepan que hemos fracasado, y así los escondemos. El soltarlos, sacarlos donde podamos enfrentarlos y examinarlos nos ayuda. A veces nuestros fracasos son una gran parte de nosotros y es difícil separarnos de ellos el tiempo suficiente para poder examinarlos, para saber que tienen curación.

Le tomó a Morgan algún tiempo para empezar a curar su fracaso. Había vivido con éste tanto tiempo que parecía que había fracasado en todo lo importante en su vida. Creía que era un jugador de banca. Cuando era un niño en la escuela, él era el último que escogían para los juegos. En la escuela secundaria apenas llegó a ser parte del equipo de segunda categoría. La universidad parecía necesaria para alguien que quería tener éxito, pero Morgan no fue a ella y tampoco se casó con la joven que él amaba tanto. No era que su esposa era "mediocre", pero ella *había* sido la segunda en su lista. No la había hecho muy feliz por no haber tenido éxito, incluso después de heredar un dinero. Esto debía haber hecho la diferencia, debía haber hecho que tuviera éxito, pero no fue así.

Probablemente se apresuró demasiado. No había tomado su tiempo antes de hacer sus inversiones. De la noche a la mañana pareció que el dinero desapareció y todo fue como antes. Era simplemente un fracaso. ¿Dónde se fueron todos los sueños a través de los años? Morgan estaba amargado. Entonces supo de esta idea de fracasos.

Morgan creía en la curación de muchas cosas, pero no en la curación de los fracasos. Pensó mucho sobre esto —en la oficina, mientras conducía el automóvil, en su casa, mientras trabajaba en su jardín. Sabía que tenía que saber mucho más sobre sus fracasos antes de poder curarlos.

Una noche, muy tarde, hizo una lista de todos los fracasos que podía recordar. Después, un poco sorprendido, se sentó a estudiar esa lista. Sabía que él era un fracaso, pero no se había dado cuenta ¡del gran fracaso que era! Contempló su lista por mucho tiempo antes de quemarla en un cenicero. Después trató de hacer una lista de las cosas que había hecho exitosamente.

Trató de pensar en lo que lo hacía más feliz. Paso mucho tiempo antes que pudiera escribir algo y entonces se sorprendió: se sentía muy feliz cuando podía hacer algo por alguien. Le complacía afilar las cortadoras de matas de su vecino, le complacía ayudarlo a trasplantar los rosales, le encantaba fabricar toda clase de artefactos en su taller para su esposa, le encantaba ahorrar tiempo y energía para sus compañeros en la oficina. Podía arreglar toda clase de cosas para lo que la gente tenía que llamar a un mecánico. Morgan suspiró profundamente cuando pensó en el talento que tenía. Pensó en la parábola de los talentos y recordó lo que le ocurrió al hombre que tenía un solo talento y lo ocultó. Tal vez el ayudar a otros era su único talento, ciertamente no quería ocultarlo pues no quería ser despojado, así que se dispuso a hacer más favores a otras personas.

"Si este es mi talento, Dios, ayúdame a desarrollarlo," oraba. Y encontró que podía hacer muchas cosas para otras personas, mucho más de lo que había hecho anteriormente. Se sentía más feliz que nunca.

Le sorprendió ver que todo mejoraba. Aun los niños parecían portarse mejor y su esposa, quien siempre había cocinado comidas "simples", empezó a cocinar comidas especiales. Muchas cosas estaban mejor. El estaba haciendo más feliz a la gente en todo momento. No debería haberle sorprendido cuando un día, unos meses después, el éxito entró en su vida: su jefe le invitó a almorzar. A Morgan le gustaron el restaurante, la comida y el servicio, y así lo expresó.

"Te gustan muchas cosas," le dijo el jefe

mientras esperaban el postre.

Morgan asintió. Entonces el jefe le habló en detalle sobre un trabajo que Morgan podía hacer para la compañía: ser una especie de coordinador. El tendría que visitar a los clientes cuando era necesario, hablarles y averiguar cuáles eran sus problemas con respecto a los productos de la compañía que estaban usando. El jefe dijo que sabía que Morgan tendría mucho éxito porque le gustaba la gente y eso fue todo lo que hacía falta.

La curación de fracasos para Enrique se produjo de una manera diferente. Su primer matrimonio no había durado; había tenido veintitrés trabajos en menos de quince años. Siempre podía encontrar trabajo pero no podía mantenerlo. No había nada bueno permanente en su vida; lo único permanente era su fracaso. Su segundo matrimonio estaba en las últimas. Todo parecía en mal estado.

Enrique conocía a mucha gente que había experimentado la curación de sus condiciones físicas al permanecer en la presencia de Dios. Este fue el método que escogió para tratar de curar su larga lista de fracasos. El visualizó a Cristo junto a él durante el día y la noche. Le tomó grandes esfuerzos mentales hacerlo; sin embargo, no tenía nada que perder tratando.

Estaba sin trabajo nuevamente. El encontrar trabajo nunca era difícil, decía: "hay siempre alguien que tiene fe en mi".

Al principio todo era apariencia para Enrique, entonces ocurrió algo. Ya no estaba diciendo que la Presencia estaba con él, ya no estaba tratando de sentir la Presencia —la Presencia estaba allí. Era muy real. Estaba con él cuando dormía y la sentía antes de abrir sus ojos en la mañana. Incluso lo despertaba cada mañana a tiempo para que llegara al trabajo a hora puntual. La Presencia parecía ayudarle a hacer muchas cosas: nunca estaba ausente, nunca dejaba su oficina si su trabajo no estaba terminado, tuvo muy buenas ideas que puso en práctica. En menos de seis meses en el trabajo nuevo tuvo dos aumentos y un pequeño ascenso. Su matrimonio también funcionaba mejor. Sus deudas disminuyeron. El mantener la Presencia junto a él realmente había curado sus fracasos.

Jorge tomó a Jesucristo seriamente cuando El dijo una y otra vez que El no hacía las obras sino su Padre. Jorge estaba cansado de fracasar y que las cosas no anduvieron bien. Su fracaso parecía expandirse a todos los aspectos de su vida. Su negocio estaba en una situación precaria, su salud no era buena, su esposa amenazaba dejarlo, se le veía por lo menos diez años mayor de lo que era. Todo se derrumbó a su alrededor: perdió su negocio, cancelaron la hipoteca de su casa, embargaron su mejor automóvil, debía dinero a todo el mundo, su esposa lo dejó y se llevó a los niños. No culpó a nadie, sino a sí mismo. Pero Jorge estaba cansado de fracasar. Si había alguna manera posible para la curación de su fracaso, él la trataría.

Cuando empezó a pensar en el poder curativo del Padre, tuvo una revelación. Si el Padre era el que hacía las obras como lo había dicho Cristo, entonces su éxito o fracaso ya no eran su responsabilidad. Nunca pensó en culpar a nadie sino a sí mismo, nunca pensó que nadie, excepto él mismo, podía conseguir el éxito. Pero pensó que, si dejaba que El Padre trabajara a través de él, esto le aliviaría el peso de la responsabilidad. Ya no tendría que tomar decisiones, el Padre lo haría. La función de Jorge consistiría en hacer lo que el Padre quería. Era muy atemorizante así como emocionante.

"Es divertido," dijo más tarde, "Nunca sentí que cometía un sacrilegio al hablarle al Padre como lo hacía, ni me sentí religioso o piadoso." Al adoptar el hábito de decir: "No yo, sino el Padre", encontró que estaba haciendo lo que debería hacer todo el tiempo. Encontraba lugares de estacionamiento durante horas difíciles, siempre encontraba a las personas cuando no parecía lógico; si salía de su casa temprano era correcto; si salía más tarde que lo acostumbrado había siempre una buena razón.

Hubo un momento, a medida que repetía una y otra vez: "El Padre hace los trabajos, toma las decisiones, cura mis fracasos," que Jorge perdió su convicción de que era un fracaso, que la vida lo "había maltratado," que nunca sería nada. "No tenía que preocuparme porque mi éxito era el de mi Padre, no el mío."

Darío era otro hombre que pensó que el mundo estaba contra él. Tenía que ser así, de otra manera hubiera encontrado su camino hacia el éxito. Darío era un trabajador, responsable. Dentro de sí, era un soñador, un hombre que había soñado por mucho tiempo sobre su éxito —pero cada año sus sueños se hacían más pequeños y se desvanecían más.

El negocio donde el trabajaba era tan seguro y confiable como lo era él. Los negocios se conducían de la misma forma que cuando Darío empezó a trabajar allí medio tiempo hace dieciocho años. La misma familia había sido la propietaria de todo; la exhibición de la mercadería nunca variaba. Hubo algunos cambios, algunas mejoras, pero aun alguien que no había estado en la tienda por mucho tiempo podía encontrar lo que quería sin pedirlo. Darío sentía todo menos éxito. Cuando supo que había la posibilidad de cambiar su vida árida de fracaso, quiso tratar.

Cuando empezó a pensar en el éxito y no en el fracaso, sus sueños volvieron nuevamente. Decidió que, si él era realmente el hijo de Dios, debía tener éxito. No estaba acostumbrado a pensar en sí mismo como un hijo de Dios o con éxito. Pero le agradaba pensar en estas dos posibilidades. Las afirmaciones le ayudaron no sólo a aceptar nuevas ideas mentalmente, sino también a sentir que eran reales:

"Soy un hijo triunfador de Dios.

Soy uno con el Padre y hago lo que El me dice que haga; tengo éxito en todo lo que hago.

Tengo prosperidad y salud; soy feliz —un maravilloso y triunfante hijo de Dios.

Tengo mucho éxito.

No tengo que esperar más por el éxito. Mi éxito está aquí ahora y estoy agradecido".

Al principio el único cambio que pudo ver fue que se sentía más feliz. Después ocurrieron algunas cosas buenas. La tienda donde él trabajaba fue vendida. El administrador nuevo lo hizo su asistente, con la posibilidad de hacerlo administrador muy pronto, ya que la compañía tenía muchos planes de expansión. Darío se dio cuenta de que tenía muchas ideas que habían estado inactivas en su mente. Estaba ganando más, le gustaba su trabajo mucho más, tenía un futuro al alcance por primera vez. Su fracaso tuvo curación.

Un hombre que había tenido desengaños de negocios, permitió que éstos casi detuvieran sus actividades. Se le desarrollaron varias aflicciones físicas a medida que él se derrumbaba mental y emocionalmente con el peso del desengaño. Después de tratar de curar su cuerpo sin éxito, también trató de curar su fracaso. La curación vino, así como la curación física. Una señora que no había tenido éxito como esposa, encontró que con la ayuda de Dios podía ser todo lo buena que ella quería ser para sí misma y su familia. Los estudiantes se han dado cuenta de que los fracasos en la escuela no tienen que repetirse pero pueden curarse. El éxito es posible para nosotros, a pesar de los fracasos pasados o actuales. ¡Nuestros fracasos pueden curarse!

El éxito es la herencia de mi Padre Celestial. No he nacido para fracasar sino para triunfar y lo puedo hacer.

El poder curativo de Dios obra en todos los aspectos de mi vida.

La guía de Dios dirige cada una de mis

palabras y acciones. Sé qué hacer para conseguir el triunfo.

Pienso en el éxito. Sueño con el éxito. Hablo con éxito. Dios me ayuda a tener éxito ahora.

X La curación de las finanzas

veces nuestras billeteras y cuentas bancarias están deficientes. Podemos tener los bolsillos "enfermos". Hablamos de un regalo o beneficios no esperados, por ejemplo un aumento de salario, como algo que "nos hace sentir bien" y queremos decir bien financieramente, no físicamente. Pensamos que nuestras finanzas pueden ser "saludables" o "enfermas". No siempre pensamos que hay mucho que podemos hacer para cambiar esa condición de "salud" y no siempre sabemos cómo mantener nuestras finanzas saludables. Pero podemos hacerlo. Tenemos que empezar a hablar palabras de salud (no de enfermedad) acerca de nuestra condición financiera. A veces no nos damos cuenta de que estamos usando nuestra poderosa palabra creativa para mantener una condición financiera saludable. Si pensamos en dinero "enfermo", escasez, y nos sentimos enfermos sobre nuestras condiciones financieras, nuestro subconsciente recoge estas palabras y nos ayuda a atraer más de la misma circunstancia. Para mejorar y mantenernos bien debemos empezar a observar la manera en que miramos nuestras finanzas y cómo hablamos y nos sentimos respecto a ellas.

Jaime Bowen tenía que cambiar mucho su vocabulario y sus pensamientos acerca de sus finanzas. No se había dado cuenta de que hablaba del dinero como si éste estuviera enfermo. Parecía que nunca tenía nada bueno que decir sobre su dinero o el dinero en general. Pensaba que sus ingresos eran muy pequeños; cuando miraba su cheque sólo veía lo pequeño que era. Al mismo tiempo pensaba que todos los gastos eran grandes . Al principio pensó que era imposible que el pensar y hablar agradecidamente y con alabanza hacia el Padre podría hacer que su cheque hiciera más de lo que hacía. Sin embargo, estaba dispuesto a tratar.

Cuando recibió su cheque el día de pagos, se sentó por unos minutos mirándolo, pensando no sólo que era un cheque grande sino que era sorprendentemente grande, porque podía hacer tantas cosas buenas para él y su familia. Jaime tuvo que hacer que su imaginación trabajara por un tiempo antes de tener éxito, pero persistió. Se forzó en pensar en todo lo que el cheque pagaría: alquiler, comida, ropa, gasolina y un pequeño viaje. Imaginó que su cheque provenía no de sus jefes sino de Dios. Trató de verlo como una manifestación *para él* de las riquezas de Dios. Miró su cheque y mentalmente aumentó las cifras en éste. Dobló y triplicó las cifras, las aumentó diez veces. Pensó nuevamente cómo usaría el dinero y se imaginó el cheque cubriendo el doble, triple, diez veces más de los gastos acostumbrados.

Cuando pagaba algo, fuera una bolsa de víveres o un periódico, Jaime recordaba agradecer tener el dinero suficiente para poder comprar todo lo que necesitaba. Pidió la guía de Dios para hacer selecciones sabias y prudentes. Cuando pagaba sus cuentas, bendecía a sus acreedores y les agradecía mentalmente su confianza. Les agradecía por pensar en él como una persona rica, que tenía el dinero suficiente para pagar. Estaba agradecido que otra gente estaba convencida de que él tenía la habilidad de pagar sus cuentas.

Jaime se dio cuenta de que el crédito es una clase de riqueza. Nunca lo había apreciado. Sintió la necesidad de tener crédito porque no podía pagar en efectivo. Ahora pensaba en el crédito como una prueba de que *tenía* la habilidad de pagar. Esto hizo una gran diferencia. A menudo somos más ricos de lo que pensamos;

Jaime se daba cuenta de esta verdad. Estas afirmaciones lo ayudaron...

"Tengo un ingreso saludable ahora. Satisface todas mis necesidades. Mi cuenta bancaria es saludable. Crece y crece y crece. Mi Padre celestial me proporciona todo el dinero para todas mis necesidades y deseos y me guía en cómo usarlo sabiamente. Disfruto de mi dinero ahora. Lo bendigo. Anheloso, lo veo aumentar. Nuevas fuentes de entrada me proporcionan más dinero para usarlo y disfrutarlo. Recibo dinero en grandes cantidades de modos esperados e inesperados. Agradezco a Dios todo el día por la gran fortuna que El me proporciona ahora. Soy rico, no pobre. Soy un hijo rico de Dios".

Al fin del mes cuando el banco le devolvía sus cheques cancelados, Jaime los miraba maravillado. Se sentía rico por haber escrito tantos cheques, no se sentía más pobre de tener tantos. Esto le ayudó a acostumbrarse a pensar que como un hijo de Dios tenía fuentes de riqueza ilimitadas. Jaime encontró que su ingreso actual alcanzaba para mucho más y lo apreciaba, le daba gracias, lo bendecía y hablaba con orgullo de éste. Aplicó mejores usos para su ingreso y con sus pensamientos de prosperidad le vinieron nuevas ideas para aumentar su ingreso. Jaime nunca más se refería a su dinero como insuficiente; nunca hablaba de estar enfermo financieramente. Se había curado.

Arturo había llegado a un punto financiero en que tenía que hacer algo para la curación de sus asuntos. Su situación financiera era crítica. Por muchos años había estado endeudándose más y más. El no era derrochador, aunque algunos de los gastos se podían haber evitado, la mayoría no eran para lujos. Sin embargo Arturo continuaba gastando un poco más aquí y allí —un poco más de lo que sus cheques podían cubrir. Decía que siempre pensaba en dinero, pero esto no era verdad: era la falta de dinero lo que nunca se apartaba de sus pensamientos conscientes a pesar de lo ocupado que estaba en el trabajo. Aprendió la verdad del dicho de que lo que afirmamos y a lo que damos nuestra atención crece y se multiplica. Lo que apartamos de nuestra atención, muere. Arturo prestaba atención a sus deudas y estas crecían y crecían.

Había consumido su crédito bancario. El oficial de préstamos fue comprensivo, le sugirió que vendiera su casa y comprara una más pequeña, o que vendiera su automóvil si había un buen servicio de autobuses cerca de su casa o podía tratar que alguien lo llevara al trabajo.

Tal vez su esposa podía conseguir un trabajo. Arturo le agradeció. Había tratado de encontrar la solución con estas sugerencias en el pasado.

El costo de viviendas había subido desde que Arturo y su esposa compraron su casa. Sabían que si la vendían, esto no mejoraría su situación. Tendrían que hacer pagos más altos en una casa más pequeña y menos deseable y terminarían gastando más y teniendo menos. El autobús de la ciudad no venía cerca de su casa. Respecto a transporte, Arturo llevaba a sus dos hijos y otros dos del vecino al colegio en la mañana y el vecino los recogía por la tarde. Habían analizado la posibilidad de que Juana trabajara pero había dos niños pequeños que estarían en casa por otros tres años; el pagar a niñeras o guarderías consumiría la mayor parte del salario de Juana. Además ella era un ama de casa tan eficiente que estarían en peores condiciones financieras si no fuera por ella.

Arturo decidió que era necesario cambiar su manera de pensar si deseaba cambiar y sanar sus finanzas. Lo que estaba enfrentando eran todos los hechos de su vida: los gastos mensuales, los ingresos, la cantidad de cuentas. La curación siempre empieza con nuestros pensamientos y esto es lo que Arturo aprendió.

Hizo muchas cosas que lo ayudaron a mantener una mente sana hacia la situación de su dinero y a mantener sus pensamientos alejados de deudas, escasez y preocupación, y centrados en abundancia.

Hizo una lista corta de lo que debía. Bendijo sus cuentas y las puso en un cajón y lo cerró, diciendo que lo abriría nuevamente cuando estuvieran todas pagadas. Parecía mucho más posible pagar las cuentas en la lista corta que pagarlas al verlas amontonadas. Dio gracias a Dios por ayudarlo a pagar cada cuenta sin demora y sin ansiedad. Pensó en escribir una nota a cada acreedor, pero decidió telefonear. Llamó al contador, al gerente de créditos o al dueño de cada negocio y les dijo que había entrado en una situación financiera delicada, pero que estaba saliendo de ella y que todos recibirían su dinero.

La primera vez que dijo esto le parecía como si estuviera mintiendo. Añadió las palabras "con la ayuda de Dios" y esto lo hizo sentir mejor. Sin la ayuda de Dios, Arturo sabía que nunca podría hacerlo. Le era difícil hacer las llamadas; a nadie le gusta admitir que se ha metido en un lío. Pero después que las hizo se sintió mejor. Cada día de pago, pagaba algo a cada acreedor. Algunas veces era una suma pequeña, pero nunca se olvidó de escribir "gracias" y cada día de pago hizo una nueva lista de las cantidades que debía.

Pasó tiempo adicional con su Biblia, buscando referencias para protección y riqueza. Estaba sorprendido de la riqueza de los Israelitas antiguos, Abraham, Isaac, Lot, Jacob, todos eran hombres ricos. Después encontró a José. Aquí estaba un hombre que había sido vendido como esclavo y después hizo grandes cosas; fue arrojado en la prisión por delitos falsos y salió con un éxito nunca imaginado. No sólo José tenía riquezas para sí mismo sino que ayudó a su país a través de un período difícil. También ayudó a mucha gente, incluyendo a su propia familia y a los hermanos que lo habían querido matar. Arturo se maravilló de que José estuviera libre de resentimientos y no se sintiera herido.

De alguna manera José le habló a Arturo. Era como si le dijera: "Arturo, olvida lo que pasó. Sigue adelante. Que no te desaliente el hecho de que otros tienen deudas o han tenido más éxito. Aprende de esto. Yo salí de condiciones horribles. ¡Tu también puedes hacerlo!"

Arturo se sintió mejor y con aliento, pensando y estudiando la vida de José. Cada vez que se sentía un poco desalentado, pensaba en José.

También pensaba en todos los otros antepasados de José y sus riquezas: las miles de ovejas, el oro, las joyas, la ropa fina. Todos estos hombres tuvieron problemas que ellos mismos provocaron. Todos mantuvieron su fe en Dios, Todos diezmaron, todos prosperaron. La idea del diezmo le dio algo en que pensar.

El quería hacerlo, creía en el diezmo, pero no sabía cómo podría hacerlo hasta que sus cuentas estuvieran pagadas. *Pero el diezmo no era para pagar sus cuentas.* Arturo se sorprendió cuando le llegó ese pensamiento. Era verdad: el diezmo consistía en devolver a Dios, no era un regalo. Todos los patriarcas habían diezmado y ¡cómo habían prosperado! Arturo no quería hacer o dejar de hacer nada que detuviera su prosperidad. De su próximo cheque de salario tomó primero un diez por ciento para Dios, y lo bendijo. Los pagos a sus acreedores ese mes eran más pequeños; el próximo mes buenas cosas comenzaron a suceder.

La vecina de al lado decidió volver a su antiguo trabajo y le pidió a Juana que cuidara de sus tres niños. Este dinero fue para comestibles y los servicios de agua, electricidad y gas. Los pagos a los acreedores aumentaron; Arturo se emocionaba cada día de pago, pues el fin de sus deudas estaba más y más cercano. Continuó usando afirmaciones que lo ayudaron aun después que sus finanzas sanaron.

"No hay escasez en mi vida. Tengo suficiente dinero para pagar todo lo que necesito. Bendigo a mis acreedores y ellos reciben su dinero rápidamente. Hay orden en mis asuntos financieros ahora. Soy financieramente sólido. Recibo un cheque grande. Estoy prosperando rápidamente. Soy rico ahora. Recuerdo de donde proviene mi dinero y todo mi bien: de Dios. Diezmo mi dinero a Dios como un "gracias" financiero por todo lo que El hace por mí. Soy rico en ideas y dinero, así como en salud y felicidad."

La primera vez que usó estas afirmaciones sintió que no decía la verdad, pero sabía que estas cosas eran verdaderas para el hombre espiritual que él era. Continuó trabajando con sus pensamientos y vinieron buenos resultados. Después de un año recibió un beneficio inesperado de su compañía; un hombre que le había debido dinero a su padre, hacía años, le pagó a Arturo. Sus finanzas recibieron curación maravillosamente.

Otro hombre analizó su actitud hacia el dinero y prestó atención a lo que decía, porque constantemente tenía que conseguir dinero para emergencias. Pensó que sabía la verdad sobre la substancia y su disponibilidad, pero algo estaba mal. Algo en su manera de pensar necesitaba cambiarse, necesitaba una curación. Descubrió que ese algo era el temor. Se sorprendió. Se dio cuenta de que tenía una sensación en sus manos cuando escribía cheques, un temor un poco constrictivo cada vez que gastaba dinero. Tal vez subconscientemente sentía que cada cheque que escribía disminuiría sus recursos; se sentía culpable cuando compraba algo; tal vez estaba pensando interiormente que no podía pagar por lo que compró, o no debería tenerlo. Se dio cuenta de que lo que necesitaba curación era su temor, no el estado financiero de sus asuntos. Ninguna clase de curación puede tener lugar mientras exista el temor. El temor cierra todos los conductos, sean sanguíneos o financieros.

Antes de que este hombre comprara cualquier cosa, trataba de recordar y decir: *"No tengo temor de gastar esto. Tengo suficiente dinero. No debo temer. Dios me da sabiduría y buen juicio, así no compro de manera imprudente. Compro lo que debo. Confío en El. No temo. ¡Tengo suficiente, suficiente, suficiente!"*

Su temor desapareció. Sus emergencias cesaron. Encontró que tenía suficiente para todas sus necesidades a medida que nuevas fuentes de ingreso se le abrían. Su condición financiera fue curada permanentemente.

No necesitamos tener un ingreso "enfermo" o una cuenta bancaria "enferma". No debemos tener temores hacia el dinero. Podemos recordar de donde proviene nuestro dinero, lo que realmente significa. Podemos mantenernos alerta con respecto a nuestros pensamientos y sentimientos hacia el dinero e ingresos. Nunca más debemos desesperarnos por nuestra situación financiera. Sabemos que puede curarse con la ayuda y dirección de Dios.

Alabo y bendigo mi dinero hoy. Proviene de Dios, mi Padre. Satisface todas mis necesidades. Si necesito más, Mi padre proporciona los conductos para que llegue el aumento. No temo la escasez, porque sé que El Padre tiene substancia ilimitada que puede transformarse para llenar mis necesidades. Estoy receptivo a Sus ideas y las sigo; ¡Tengo suficiente, suficiente, suficiente! Mi situación financiera está completamente curada ahora.

XI La curación de los demás

Cuando estamos alrededor de gente enferma queremos que se sientan bien, queremos hacer algo por ellos. Deseamos sobre todo que se mejoren. Después de haber experimentado la maravilla de la curación espiritual, queremos que otros tengan la misma experiencia feliz. Queremos que todos sepan que no tienen que permanecer enfermos, que pueden tener una curación. Pero nos sentimos incapaces. Aun si hemos sido el conducto por el cual nuestra propia curación vino, no sentimos que estamos capacitados para hacerlo por otra persona. Sentimos que no somos lo suficientemente espirituales o hábiles para hacerlo.

Ana no sólo aprendió que podía ser el conducto para la curación de otras personas, sino que aprendió los principios que ayudan en todos los procesos de la curación, y que los metafísicos han usado hace mucho tiempo. Ana había estado leyendo, estudiando y pensando sobre la curación espiritual durante las vacaciones que ella y sus dos hijas disfrutaban. De costumbre comenzaron el día con natación y desayuno. Un día, después de que sus hijas se fueron a jugar a la playa, Ana se fue a su estudio. En menos de cinco minutos todo cambió.

"Mamá, mamá," Annette la hija menor gritaba, "¡Juanita se cayó y se ha lastimado!" La niña apenas podía respirar mientras corría hacia la cabaña, su cara sucia y con lagrimas, "¡Apúrate!"

Ana se apresuró. Juanita era una masa de arena, lodo y sangre. Ana cerró sus ojos recordando la primera regla que había aprendido: *No permitas que cualquier apariencia de enfermedad o herida te perturbe.* Sabía que el perturbarse no la ayudaría. Oró para tener calma, recordando la segunda regla: *No te perturbes o alteres. Mira hacia el Padre y sólo hacia El, sabiendo que la curación ya ha comenzado, así no necesitas estar ansiosa. Permanece alerta a la presencia de Dios. No juzgues por las apariencias. Mira hacia la curación, no hacia la herida o enfermedad.*

Esto no era fácil de hacer con todo el lodo la sangre y los llantos de Juanita. Ana se forzó a hablarle a ambas niñas calmadamente. Les dijo lo que se había estado repitiendo a sí misma: "Sabemos que la curación tiene lugar ahora. Sabemos que Dios está con nosotros. Juanita, sabemos que Dios te está cuidando. Me está mostrando cómo ayudarte para que te sientas mejor. No importa cuánto dolor tengas o cómo parezcas estar, Juanita, tú estás bien. Eres una hija de Dios y El te cuida perfectamente ahora. Te cura perfectamente ahora".

Era difícil mantener su mente en la curación sin preocuparse por lo profundo de las heridas. Le tomó mucho esfuerzo y paciencia calmar a las niñas y apaciguar sus temores. Cuidadosamente, tocó el cuerpo de Juanita. Después la ayudó a levantarse, aun cuando ella lloraba: "¡Me duele, me duele!" Lentamente caminaron hacia la cabaña. Ana suavemente limpió la arena y la sangre, tratando de no mirar las contusiones y rasguños profundos. Continuaba hablándole a Juanita, recordándole que era la hija de Dios y que Su amor hacia ella podía curar cada herida de su cuerpo. Le recordó su propia curación. Cuando Ana hizo todo lo posible para que Juanita estuviera cómoda, comenzó a leerle. Agotada física y emocionalmente la pequeña se durmió pronto. Entonces Ana abrazó a Anita por unos minutos y ambas se quedaron dormidas en un sillón.

Se despertaron con los gritos de Juanita: "¡No

puedo ver, no puedo ver!". Nuevamente, Ana tuvo que cerrar sus ojos y no mirar hacia la evidencia física. No se atrevía a apartar de sí la imagen perfecta de Juanita, libre de dolores y heridas. Ana estaba más segura de sí misma ahora que nunca. Pudo decir calmadamente: "Juanita, deja de gritar. Tú *puedes* ver. No ayudas a tu curación llorando y agitándote. Tienes que permanecer tranquila. No tengas miedo. Recuerda quién eres y Quién te ayuda y te sana".

Sus palabras hicieron que la niña se calmara. Sabía que la ansiedad disipa la energía y que necesitaba toda su energía física y emocional posible. Cuidadosamente limpió la substancia acumulada en los ojos de la niña, pensando sólo en los ojos claros pardos detrás de la piel hinchada. Ana se emocionó al reconocer que no estaba mirando la actual condición de su hija sino la perfecta imagen. Sabía sin lugar a dudas que la curación estaba teniendo lugar. Ella, la sanadora, fue curada de toda creencia sobre esa condición. Había leído una otra y vez que esto es lo que tenía que suceder: *Antes que el sanador sea un conducto para la curación, él debe ser sanado.*

Juanita durmió esa noche. A la mañana siguiente se sentía mucho mejor y estaba interesada en ver "lo horrible que se veía". Luego se levantó deseando un desayuno. Todas las huellas del accidente desaparecieron en unos pocos días. Habían aprendido las reglas básicas para la curación: no temer, no juzgar por las apariencias, mirar hacia la curación en lugar de la condición, saber que Dios puede curar y lo hará, y esperar la curación.

También podemos ayudar a personas que necesitan curación pero que no están junto a nosotros. Muchos de nosotros hemos experimentado curación a través de las oraciones de Silent Unity y a través de las oraciones de amigos, familiares, pastores, consejeros. A menudo no creemos que podemos hacer lo mismo por otras personas. Cuando comprendemos la omnipresencia de Dios y Sus obras, ilimitadas por el tiempo y espacio, entonces comprendemos que nuestros pensamientos también son ilimitados por el tiempo y espacio y que puede ser tan fácil para nosotros orar por otra persona que se encuentra a miles de kilómetros de distancia, así como hacer obras espirituales para una persona que se encuentra en la misma habitación que nosotros. La mayoría de nosotros somos como Beth cuando una amiga le pidió que orara por su hermano.

Beth se asombró y dudó. La amiga interpretó

su duda como una creencia que el hermano no podía experimentar curación espiritual. Beth se apresuró a confirmarle. "Por supuesto que él puede curarse," le dijo rápidamente. Ella estaba segura de esto. Sabía de muchas curaciones espirituales, muchas habían provenido de las oraciones de otras personas por sus semejantes. Sabía que por su amiga debía tratar. Sentía que no sabía lo suficiente, pero usaría lo que sabía.

Lo maravilloso es que nunca tenemos que saber todo sobre la curación para ayudar a otros. Simplemente tenemos que usar lo que sabemos en ese momento. Cuando usamos lo que sabemos, desarrollamos una comprensión más grande y profunda, añadiéndole la Verdad cada vez que la necesitamos. De lo contrario si no usamos lo que entendemos y sabemos con fe, lo perderemos. Lo único que Beth le dijo a su amiga fue que ella oraría.

Nunca se había sentido tan humilde e insuficiente. Al mismo tiempo, creía que ésta era su oportunidad para averiguar si tenía el poder de la oración y podía hacer contacto con la Fuente de todo bien para los demás. Sabía que nada la haría más feliz que poder ayudar a los demás por medio de la oración.

Su oración era simple y ferviente y la repitió

en voz alta: "Padre, sé que Tú eres todopoderoso. Se que Tú eres todo el poder que existe. Sé que Tu poder puede curar a este hombre. Ruego que él sea receptivo a Tu poder curativo. Sé también que él puede ser sanado ahora, perfectamente y sin demora. No importa lo que los doctores y otros hayan dicho sobre su condición, porque sé la Verdad sobre él y sobre todos. Todos somos hechos a tu imagen y sabiendo esto, nuestros cuerpos responden, se sanan y se hacen perfectos. Oro para que este hombre conozca la Verdad ahora y se sane".

Se sentó perfectamente tranquila por varios minutos. Le vino una calma interior y sintió esta calma como nunca antes. Perdió su preocupación de que pudiera o no ser un canal para la curación del hermano de su amiga. Estaba en paz y sabía que no necesitaba orar más. Su amiga la llamó tarde esa noche para darle las buenas noticias: su hermano estaba fuera de peligro. Le dijo a Beth: "Tú lo hiciste".

Beth lo negó rápidamente. "No, no, no lo hice yo. Es siempre el Padre quien lo hace. Todo lo que nosotros podemos hacer es abrir el camino para que El haga la curación. Sería una gran responsabilidad si *nosotros* tuviéramos que hacerla."

Sería una terrible responsabilidad si tuviésemos que hacer que la ley trabajase. Afortunadamente, todo lo que tenemos que hacer es saber que la ley trabaja. No podemos hacer que Dios haga que Su curación funcione; sólo necesitamos saber que El *hace* la curación. Sabiendo que el Padre hace la curación, nos concentramos en El y no en la persona. Esto puede crear confusión, hasta que pensamos en Jesucristo cuando estaba en la tumba de su amigo Lázaro. El no prestó ninguna atención a Lázaro o la tumba. Ni siquiera al principio invocó el nombre de Lázaro. El no indicó que estaba pensando en Su amigo. En lugar de eso, invocó a Dios. Su conversación de curación era con Dios, no con el hombre enterrado en la tumba. Así debe ser con nuestras oraciones de curación.

Podemos usar el nombre de la persona enferma en nuestras oraciones pero realmente no le estamos prestando nuestra atención; ciertamente no nos estamos concentrando en su condición. No estamos tratando de cambiarlo y de hacer que él haga algo o piense en algo. Simplemente estamos invocando la ley de la curación de la vida y perfección para que haga su obra perfecta en él y para él.

Aun cuando estamos conscientes de las condiciones físicas, podemos hacer que nuestra mente se concentre en la oración a Dios y no en lo físico. La enfermedad y la aflicción física son apariencias. El hombre real, el hombre de Dios, el hombre espiritual está siempre bien. Cuando concentramos nuestra atención en este hombre real, invocamos la naturaleza de Dios, Su poder, que venga a sanarlo y hacerlo perfecto. Cada vez que nuestra mente quiera concentrarse en las apariencias físicas, deliberadamente la concentramos en Dios y la curación. Cuando hacemos esto, entramos en la presencia de Dios. Llegamos al lugar donde extendemos nuestra mano hacia Dios. Este es nuestro Dios, el Dios en nosotros —el Dios morador y el Dios presente en todo lo que nos rodea, en toda persona y toda circunstancia, el único Poder y la única Presencia.

En esta Presencia sentimos una unidad que es diferente a la que sentimos en otros momentos. Es en esta Presencia que nos ponemos en contacto con el poder que sana a la persona por la cual oramos. Esta es nuestra función y es todo lo que tenemos que hacer: volvernos uno con el Padre, sabiendo que Su poder es nuestro para usarlo, siendo El toda salud, entonces nosotros o cualquiera por quien oramos puede compartir esa salud.

Hay veces en que este sentimiento de unidad es un sentimiento de amor profundo. Lucía experimentó esto. Uno de sus primos estaba muy enfermo. No estaba respondiendo al tratamiento y le dijeron a la familia que no había esperanzas para su recuperación. Lucía sabía que todos habían estado orando al igual que ella. Mientras estaba sentada en el pasillo del hospital fuera de la habitación de su primo, pensó en la forma en que oraba. Le sorprendió ver que estaba diciendo oraciones suplicantes, como "Por favor, Dios". Sin darse cuenta, se había deslizado a la idea antropomorfa de Dios como un hombre al que había que suplicarle y pedirle favores. ¡Qué injusticia era hacia el Dios que ella realmente conocía, un Dios no ligado a ninguna característica física, a Quien no se tenía que suplicar o regatear los favores, sino un Dios que quería dar todo lo bueno a Sus hijos! ¡Qué contenta estaba de tener esta clase de Dios!

No temió más, ni pensó más en que no hubiera una posibilidad de que su primo sanara. Llena de amor, no había lugar para ansiedades. Su primo era parte del amor de Dios también. Todo estaba bien con él. No tenía que llenarse de temores y preocupaciones. Sintió este amor maravilloso alrededor de su primo y en él, así como alrededor de ella y en ella.

No se sorprendió cuando le dijeron a la familia esa noche, que la fiebre del niño había bajado y que estaba durmiendo. Su pulso, presión y todas las funciones de su cuerpo eran normales. Lucía sintió que el amor la inundaba nuevamente al dar gracias a Dios por la curación perfecta de su primo.

Nunca es trabajo cuando oramos por la curación de los demás. Es sin esfuerzo, es fácil, es una alegría, es un regocijo. No tiene que tomar mucho tiempo. Un hombre encontró que tomó sólo un segundo; otro, sólo tres palabras.

A veces es bueno cuando los hechos ocurren inesperadamente. Nuestras reacciones pueden decirnos mucho sobre nosotros mismos. Algunas veces somos más sabios y fuertes de lo que creemos. Seth se encontró reaccionando como un sanador cuando su secretaria se desplomó una tarde en su oficina. Se produjo una gran alarma y conmoción en la oficina. Alguien dijo que ella había sufrido estos desmayos de vez en cuando y que eran serios. Siempre tenía que quedarse en cama por varios días después que esto sucedía. Alguien llamó la ambulancia. Seth empezó a decir las siguientes palabras antes de darse cuenta: "Ella va a estar bien. Ella estará bien antes que la ambulancia llegue".

Se sorprendió, pues no estaba alarmado como los demás. Sabía que creía en la curación espiritual y la posibilidad de una curación instantánea, aunque nunca la había experimentado él mismo. Sabía también que esta muchacha era la hija de Dios, que era una con Dios. Realmente no oró con palabras; simplemente permaneció callado. Desde la profundidad de su calma vio a la muchacha recobrando la conciencia, vio el color volver a su cara, la vio levantándose, la escuchó decir que estaba bien. Al poco tiempo ella estaba sentada frente a su escritorio.

Seth no hizo que las apariencias lo perturbaran; no aceptaba como real lo que otros dijeron sobre la muchacha. El sabía que la curación era posible y la esperaba sin demoras.

José tenía dos palabras sanadoras, "Esto pasará". Un socio de negocios tuvo lo que parecía un ataque apoplético ligero. El hombre cayó cuando entraba en el ascensor. El lado izquierdo de su cuerpo estaba parcialmente paralizado. José fue el primero en encontrarlo y al acercarse hacia él dijo, "Roberto, esto ya pasará". El pensó que el hombre lo escuchaba. José se mantuvo muy calmado. Entonces hubo un cambio en él, como un viento que cambia. Había un sentimiento afectuoso, feliz, bueno en él. José sentía regocijo y pensó: "Padre mío, gracias. Esto ha pasado". Fuera lo que fuera, había pasado. El lado izquierdo del hombre, su brazo y su pierna se enderezaron. Lo ayudaron a levantarse, él estaba bien.

Todos aprendemos de estas experiencias. Aprendemos que debemos permanecer calmados, que debemos estar callados interiormente mientras hacemos las cosas que debemos hacer. Aprendemos a concentrarnos inmediatamente en la curación y no en la condición. Desde esta calma interna sabemos qué palabra decir o qué acción tomar. Desde esta calma vendrá el amor curativo, la energía, la vida. No tenemos que convertirnos en sanadores en ningún sentido especial de la palabra. Sólo nos convertimos en *conocedores* de la Verdad. Vemos o conocemos la desarmonía, pero no le prestamos atención. Nuestra atención está todo el tiempo en Dios.

Es bueno saber que dondequiera que Jesús estaba, las curaciones occurían. Es bueno saber que Pedro estaba tan consciente de su unidad con el Padre, que incluso su sombra sanaba. Nunca era lo que los discípulos hacían lo que sanaba, era su unidad con el Padre. Era lo que ellos conocían de sí mismos y de los demás que sanaba. Así, continuamos experimentando la unidad, continuamos sin perturbarnos por las apariencias físicas, nunca dudamos de nuestra fe y la seguridad de que la curación viene a pesar de lo que otros piensen o digan. Descansamos contentos en el conocimiento que podemos ser los canales para la curación. Conocemos la ley de curación y esperamos que funcione. Con cada curación ayudamos a traer grandes conocimientos y confianza, no en nosotros mismos, sino en el poder curativo disponible de Dios. Así es como sanamos a otros —no nosotros mismos, sino el Padre.

XII La curación puede ser permanente

A veces nos sentimos tan enfermos que una pequeña mejoría constituye un milagro; a veces nos conformamos con una noche de descanso y libre de dolor. Generalmente queremos una curación completa y permanente, y debemos tenerla. Podemos tenerla. Estas son buenas noticias, nuestro propio evangelio especial. No sólo podemos sanarnos, sino que podemos permanecer sanos. No tenemos que sufrir de una enfermedad crónica; no tenemos que estar indispuestos en agosto, enfermos en enero o en marzo. Las dolencias físicas no tienen que repetirse. Demasiada gente ha tenido curación espiritual permanente para que no sea posible que nosotros la tengamos también. Pero hay varios factores sobre los que debemos estar seguros.

Debemos estar seguros de que de ninguna manera queremos estar enfermos, que no disfrutamos en absoluto de la atención que recibimos cuando no estamos bien. Debemos tratar de no declarar nuestra enfermedad como "mi alergia", "mi espalda débil", "mi estómago nervioso". *No quiero estar enfermo. No afirmo desarmonía en mi cuerpo. Declaro sólo salud y las condiciones saludables para mi cuerpo.*

Debemos estar seguros de comprender que nuestro cuerpo es el templo del Dios viviente y, como tal, debe ser sano, vibrar con salud y funcionar perfectamente. No podemos disfrutar de salud permanente y perfecta hasta que sepamos esto y cuidemos de nuestro cuerpo. *Mi cuerpo es el templo del Dios viviente. Trato mi cuerpo con respeto y amor.*

Hacemos lo físico y lo práctico para cuidar de nuestro cuerpo. Lo mantenemos limpio por dentro y por fuera, le damos el ejercicio necesario, lo alimentamos con comidas y bebidas saludables, le damos el sueño y descanso suficientes.

Observamos nuestros pensamientos, nuestras emociones, nuestras palabras. Pensamos en salud, hablamos de salud, reaccionamos emocionalmente de una manera saludable. Estamos alerta a toda reacción emocional. Tratamos de no guardar rencores, resentimientos, angustias, odios. Sabemos que estas emociones negativas nos pueden causar enfermedades, y mantenernos enfermos aun después de expresarlas.

Mantenemos nuestra mente consciente y subconsciente llenas de ideas saludables. No pensamos en enfermedad y no hablamos de ella. Aunque todos en una habitación hablan de enfermedad, no participamos. Los bendecimos silenciosamente y sabemos que cualquier persona puede ser sanada. Pensamos en la mujer que tocó el borde de la vestidura de Jesús y fue sanada; recordamos el pañuelo sanador de Pedro. Podemos orar para que haya tanta fe sanadora en nuestro pensamiento y sentimiento para que cualquiera en busca de curación espiritual pueda encontrarla. *Sólo pienso saludablemente, sólo hablo palabras de salud.*

Para efectuar una curación, a menudo debemos mantenernos firmes por mucho tiempo. Sabemos que, al hacer esto, estamos siguiendo el mandato de Jesucristo: "Cree solamente". Cuando nos sostenemos firmes, no dudamos ni titubeamos. *Nunca me desaliento sobre mi curación. Me mantengo firme. Espero ser sanado. Nunca cambio de parecer. Estoy resuelto a esperar curación.*

Cuando nos mantenemos firmes, llegamos al lugar donde podemos confiar completamente en Dios y esperar que El realice la curación. *Confío y creo en el poder sanador de Dios. Espero que Su poder funcione en esta situación.*

Cuando llegamos a ese nivel de expectación, particularmente expectación instantánea, estamos listos para curaciones permanentes. En una curación permanente no hay lugar a ninguna duda o a construir castillos en el aire. Cuando llega la curación no debe existir ni el más leve sentimiento de que no durará. No debe existir el sentimiento de "esto es demasiado bueno para ser cierto" o "esto no puede perdurar". Debemos saber en la totalidad de nuestro ser, consciente y subconscientemente, que no hay curación que no podemos esperar y lograr, que ninguna curación es demasiado maravillosa para perdurar.

Cuando llegamos al punto de pensar en la curación permanente, sin la menor posibilidad de enfermedad, entonces podemos esperar la curación permanente. Gina lo hizo.

Gina no tenía problemas con su fe. Había nacido con ella y cuando comprendió las posibilidades de la curación espiritual, tenía el gran poder de su fe para añadir a su nueva comprensión, y tuvo varias curaciones pequeñas, de cortaduras, quemaduras y resfríos. Las llamaba cosas temporales y pequeñas. Entonces su fe y comprensión enfrentaron una prueba grande. Le encontraron un tumor durante un examen físico. Crecía y habían algunos síntomas que eran alarmantes. Gina se asustó. Se preocupó por su marido y sus tres hijos pequeños.

"Entonces me di cuenta," dijo, "de que me había olvidado completamente de Dios. Se dice que las personas oran generalmente sólo cuando tienen problemas. Pero al pasar por esta situación, me olvidé de que Dios estaba siempre ahí para ayudarme. Ciertamente Dios me había ayudado antes. Por alguna razón traté de enfrentar esta emergencia por mí misma. Le pedí perdón". Sonrió, "Sí, le pedí perdón por haber demorado tanto tiempo en pedirle curación, por no haber recordado que no importaba cuál era la necesidad, El puede hacerse cargo de ella. Pensé nuevamente en cómo Jesucristo había sanado toda clase de enfermedades. Después recordé las curaciones que nuestra familia había tenido y las curaciones espirituales de las que yo había tenido conocimiento.

Recordé dos cosas. La primera fue que la única manera que puedo crecer es espiritualmente, y cualquier otro crecimiento no es verdadero. Después recordé las palabras: 'La palabra de Dios es viva y eficaz, y más cortante que toda espada de dos filos ... discierne los pensamientos y las intenciones del corazón'. El último verso me hizo pensar en la cirugía espiritual. Esa era la clase de cirugía que yo deseaba."

Hizo dos fuertes afirmaciones y las usó una vez tras otra, todo el día y la mayor parte de la noche: *"No hay crecimiento, que no sea crecimiento espiritual, y yo crezco espiritualmente. No hay crecimientos falsos en mi cuerpo".* ¡Ella quería crecer espiritualmente! Quería más que la curación física y quería salir de esa experiencia como una persona mejor y con más fe. Su otra afirmación se basó en el verso de los Hebreos:

"Dios es mi médico. No necesito ningún otro. Su amor hace lo que necesito ahora y estoy sana ahora completa, perfecta y permanentemente".

En menos de dos meses Gina estaba sana. El tumor desapareció de su cuerpo fácilmente. No hubo necesidad de una convalecencia y no ha habido recaída.

A veces es divertido lo que nos hace tratar de conseguir la curación espiritual. Fue una joven la que hizo que Federico prestara más atención a la creencia del poder sanador del Padre. Federico tenía alergia a las rosas. Los sueros, las inyecciones y píldoras lo ayudaban, pero lo mejor era "mantenerse alejado de ellas". Conoció a la primera joven que realmente le gustó desde el momento que la vio. Federico nunca había estado tan "atraído" a ninguna muchacha como ésta; él tenía veintisiete años y era soltero. Ella era tan diferente que él pensó que ella trabajaba en algo fuera de lo ordinario. Así era, ¡cultivaba rosas comercialmente y las vendía a los floristas! ¡Le encantaban las rosas y experimentaba nuevas variedades!

Había luna llena la noche en que salieron por primera vez. Todo era suave y hermoso. La noche, la luna y la joven hicieron que Federico decidiera que la alergia a las rosas debía terminar. Rehusó seguir atado a esa condición. Decidió confiar en Dios como el único Poder en su vida. No iba a dar su poder a nada sólo a Dios.

"Rehuso estar atado a algo excepto a Dios. Estoy libre de cualquier dominio falso. Me libero. Las rosas son hermosas y las disfruto. Me gustan las rosas y yo les gusto a ellas. Dios me ha creado y ha creado las rosas. Nos podemos llevar bien, en paz y armonía."

Le llegó la libertad. No se casó con la joven (por razones ajenas a las rosas). Sin embargo, él cree todavía que ella fue una de las personas más maravillosas en toda su vida. Sin ella, él no hubiera logrado su curación. El idilio no fue permanente, pero la curación sí lo fue.

Cuando logramos curación, queremos que todos la logren. Una manera de ayudar a difundir el poder sanador es orar con comprensión por la gente sobre la cual leemos en los periódicos u oímos en la radio o televisión. Este es un modo en que podemos compartir lo que hemos recibido. Asimismo, no nos concentramos en el horror o dolor sino en la curación. Pensamos en la curación perfecta, y no en los "hechos" de las situaciones que oímos o leemos. Podemos tener tal unificación que el poder sanador del Padre se concentra en cualquiera que está receptivo a la curación.

Posiblemente nunca sabremos el resultado de estas oraciones sanadoras. No necesitamos saberlo. Nuestra única necesidad es la de enviarlas. Una mujer oraba fielmente por todos los que llegaban a su conocimiento que necesitaban curación. Muchas veces los informes de las condiciones cambiaban rápidamente. No importaba lo que traía el cambio; llegaba la curación. Hay tanta necesidad de curación en el mundo hoy en día que podemos dar servicio sanador ilimitado a la humanidad con nuestras oraciones sanadoras. En esto, así como en cualquier otra oración por curación, sabemos que nunca somos nosotros los que curamos. Somos solamente los conocedores de la Verdad.

Nuestra parte es sobreponernos a la situación y no estar atados por las apariencias. Una señora que estaba interesada esencialmente en aprender más sobre la curación espiritual tuvo un sueño muy revelador una noche. Había mucha gente que necesitaba curación en una habitación y en el sueño ella flotaba alrededor de la gente; ella estaba completamente separada, pero al mismo tiempo participaba en su curación. En su sueño se daba cuenta de que la curación necesaria estaba teniendo lugar, pero que no era parte de ella. Nosotros también debemos sobreponernos a las necesidades de salud. No observamos las condiciones y no buscamos indicaciones de que la curación está teniendo lugar. Tampoco nos impacientamos o apresuramos. Mantenemos nuestra mente en Dios. Nos dirigimos a El desde el primer momento de la actividad de curación y mantenemos nuestra mente y toda nuestra atención en El hasta que llegue la curación. No tenemos que preocuparnos sobre las actividades del poder sanador; lo único que tenemos que saber es que existe un poder sanador y que funciona. Tampoco necesitamos preocuparnos por si la curación va a ser permanente o completa. Sólo pensamos en nuestra esperanza, nuestro conocimiento, nuestra fe, nuestra confianza.

Sabemos que las curaciones espirituales son posibles y que mucho de lo que hacemos puede ayudar a mantener nuestro cuerpo saludable.

Sabemos cómo alimentar nuestra mente consciente y subconsciente con pensamientos de salud. Mantenemos nuestras emociones saludables. Sanamos nuestros recuerdos y nuestros fracasos. Esperamos salud y curaciones, no sólo para nosotros sino para otros, gente que conocemos y que no conocemos, gente que vive cerca de nosotros y que vive en otras partes del mundo.

Decretamos nuestra salud y la de toda la humanidad. Sabemos que la curación es posible para todos. A medida que nos volvemos más hábiles en vivir una vida llena de salud y dejamos que el poder sanador funcione en nuestra vida, somos más efectivos al ayudar a otros. Esperamos salud y curación permanente. Desarrollamos actitudes y expectaciones permanentes de salud. Con el tiempo llegaremos al lugar donde ya no esperaremos salud, la aceptaremos al instante que sintamos que la necesitamos.

Espero curación.

Espero curación ahora.

Espero que mi curación sea permanente.

Acepto mi curación. Llega ahora.

Gracias, Dios ¡Estoy sano permanentemente ahora!

XIII *Auxilios para la curación espiritual*

La segunda parte de este libro contiene auxilios específicos para la curación del cuerpo y de las enfermedades mentales por medio de métodos espirituales. Se dan sugerencias sobre las causas metafísicas y sobre cambios en la manera de pensar y sentir. Estas han sido usadas con mucho éxito por gente que necesitaba curaciones especiales. Por supuesto no es una enciclopedia completa de los problemas físicos. Sin embargo, el lector puede adaptar cualquiera de estas sugerencias curativas a sus necesidades especiales. Fundamentalmente, los métodos de curación son semejantes: se necesita cambiar ciertas actitudes, creencias, hábitos, para que la habilidad natural del cuerpo para sanar, conferida por Dios, tenga la oportunidad de funcionar y ciertas oraciones, negaciones, afirmaciones, y nuevos modos de pensar, sentir y hablar, puedan hacer que la curación tenga lugar.

Lo que unos han encontrado efectivo para

lograr su curación, otros pueden ponerlo en práctica. El saber que otros han podido sanar nos ayuda a ser más objetivos sobre nuestra propia condición y, por supuesto, nos da más esperanzas y confianza para efectuar nuestra propia curación.

Aprendemos que a pesar del tiempo que hemos sufrido, la situación puede cambiar. Charles Fillmore dijo que la idea divina de perfección restablece el cuerpo, no importa cuánto tiempo nos tome en captar esta idea de perfección. Lo importante es ¡que la captemos! Nuestro cuerpo siempre trata de ser perfecto: comienza a sanarse inmediatamente cuando algo le ocurre. Los médicos trabajan con este poder interior; hacen todo lo posible para facilitar al cuerpo la actividad sanadora. Charles Fillmore también dice que podemos sentir un flujo de salud cuando mantenemos pensamientos correctos —pensamientos de curación sobre nuestro cuerpo— y las curaciones a menudo llegan cuando la mente se aparta de la condición y se mantiene en la Mente Divina. Sostenemos la idea de perfección y verdad de que nuestro cuerpo es un templo del Dios viviente (lo cual es otra manera de decir que nuestro cuerpo es espiritual), y sabemos que la norma perfecta de nuestro cuerpo espera nuestras palabras y sentimientos para renovarlo, fortalecerlo, sanarlo, revitalizarlo, revigorizarlo y restablecerlo.

Los pensamientos, sentimientos y palabras son los instrumentos de curación que usamos. Al ser uno con el Padre dejamos que el poder de Dios en nosotros funcione. Jesucristo, por supuesto, fue el hombre que alcanzó la unidad perfecta. Sin embargo, El nos dijo que también podemos hacer todo lo que El hizo y más. Tenemos la potencialidad de tener y hacer lo que El tuvo e hizo. Así como El podía sanar, nosotros podemos hacerlo.

Nuestra unidad con Dios no se altera si hay médicos, cirujanos, psiquiatras o enfermeras que trabajan para ayudarnos. Ellos también son conductos a través de los cuales la Mente —la Mente Divina— puede funcionar para traernos la curación. Sabemos que nunca hacemos la curación, que Dios es El que sana. El está a cargo de nuestro cuerpo así como de nuestra vida y nuestros asuntos. El trabaja a través de nosotros y a través de cualquier persona que nos cuida. Su Mente está en control —guiando, dirigiendo, inspirando la ayuda que se nos da. Todo lo que se haga debe ser orientado hacia la curación y no hacia la enfermedad. De esta manera adquirimos una conciencia de salud.

Nuestra conciencia se compone de todo lo que

conocemos; queremos estar conscientes de salud y curación y no de enfermedad. Debemos dejar todas las ideas de enfermedad, debilidad y dolor e insistir en que nuestras mentes, cuerpos y emociones estén en armonía con la curación. Perdemos nuestros temores, aumentamos nuestro conocimiento y comprensión de nosotros mismos y de nuestra habilidad de sanar; alentamos nuestra fe en mantenernos fuertes mientras la curación tiene lugar.

Aprendemos que *este* momento es el único por el que debemos interesarnos. No tenemos que perder un sólo momento lamentando algo que hayamos hecho, dicho, sentido o pensado. *Lo que pensamos ahora, lo que sentimos ahora, lo que decimos ahora, es todo lo que importa.* No tenemos que preocuparnos por esta tarde, esta noche, mañana en la mañana, la próxima semana, el próximo año o cualquier momento. Este es el momento para comenzar nuestra curación. Este es el momento en que sabemos con seguridad que el cuerpo quiere curación, que está equipado para curarse a sí mismo, que está listo para curación.

Es fácil acostumbrarnos a la idea de enfermedad. Es humanamente fácil desalentarnos por nuestra condición física. A veces es difícil esperar curación, pero podemos hacerlo. Donde había enfermedad, puede haber alivio; donde había debilidad, puede haber fortaleza; donde había tensión y dolor, puede haber libertad. Donde había temor debido a las apariencias físicas, puede haber la seguridad de una recuperación. Llegamos al punto en que dejamos de perder tiempo; cuando existe la necesidad, dirigimos inmediatamente nuestros pensamientos hacia la salud, y mejoramos. Entendemos por qué Jesús le preguntó al hombre: "¿Quieres ser sano?...e inmediatamente el hombre se sanó". Empezamos rápidamente a decir "sí" a la curación espiritual.

Observamos nuestros estados de ánimo, nuestras emociones, lo que decimos y pensamos que pueda tener un efecto desfavorable en nuestro cuerpo. Cambiamos sin retraso lo que debe cambiarse.

Podemos controlar nuestra parte en la curación. Empezamos con lo que sabemos ahora. No necesitamos saber todo sobre la curación espiritual. Escogemos salud hoy; es así de simple. Queremos salud, por lo tanto pensamos en ella. Dejamos de pensar en nuestra necesidad. Pensamos sólo en curación y nuestro poder curativo interno. Cuanto más usamos este poder curativo y nuestros conocimientos de curación, más fácil se hace.

Cuando alguien usa las afirmaciones, negaciones y oraciones sugeridas en esta parte del libro, trata de lograr la conciencia de la totalidad de su ser y de su unidad con Dios y volverse más consciente del único Poder y la única Presencia en su cuerpo. Las curaciones se manifiestan para necesidades de toda clase.

Aprendemos. Dejamos de considerar la condición enferma y consideramos en su lugar al Padre interno. Mantenemos nuestros pensamientos en Dios, sin prestar atención a nuestro cuerpo enfermo. Si pensamos en Dios, no tendremos tiempo para observar nuestro cuerpo y éste puede continuar con su curación. No tenemos que preocuparnos por la manera en que nuestro cuerpo se sana. No necesitamos conocimientos médicos o científicos, sólo espirituales. Simplemente le damos al cuerpo la oportunidad de curación. Mantenemos nuestra mente en Dios y la curación llega.

Los accidentes

Algunos de nosotros tenemos tantos accidentes que sentimos que el destino nos ha escogido para tenerlos más que ninguna otra persona. Algunos decimos que tenemos la tendencia hacia los accidentes. Creemos que somos tan desmañados, tan torpes, que nunca hacemos las cosas bien y que nos suceden cosas. La mayoría pensamos en los accidentes que otras personas tienen, en accidentes que casi tuvimos, en accidentes que pudiéramos tener.

Cuando tenemos una conciencia de accidentes, hacemos que éstos tengan poder en nuestra vida. Pensamos con doble sentido; realmente ponemos a Dios en segundo lugar. Pensamos que podemos estar en lugares donde Dios no está, que hay ocasiones cuando estamos fuera del alcance de Su presencia protectora. Sabemos que tal separación es imposible, porque Dios nunca se separa de nosotros, está más cerca que nuestras manos o pies, más cerca aun que nuestra respiración. Cuando recordamos esto tenemos el sentimiento de seguridad que nada más puede darnos. Si Dios siempre está con nosotros no debe haber nada que temer. Esta es la forma en que perdemos la creencia en la inevitabilidad de los accidentes y la incertidumbre del futuro. Nos sentimos seguros, protegidos, guiados a hacer lo correcto cuando trabajamos con herramientas peligrosas, cuando conducimos, cuando viajamos en avión, cuando caminamos.

Dejamos de esperar que ocurran accidentes; empezamos a esperar que lo bueno y sólo lo bueno nos ocurra. Podemos esperar el mismo bien para otros también.

Hoy espero sólo el bien. Atraigo sólo el bien. Siempre ando con Dios. Donde esté yo, El está. Trabajo con El. Viajo con El. El está conmigo siempre, protegiéndome, guiándome, llevándome a lugares seguros, de modos seguros. No hay nada que temer. Ando con Dios en todas partes.

(Podemos decir lo mismo para otros, usando "tú" en lugar de "yo").

Hace mucho tiempo existía la costumbre de decir: "Dios te guarde," como despedida. Esta bendición todavía se usa en algunas partes del mundo. Es bueno que adoptemos el hábito de bendecir a otros con esta despedida ya sea en voz alta o silenciosa.

Pensamos en la seguridad, no en accidentes. Tomamos precauciones inteligentes, observamos las leyes de seguridad, mantenemos nuestro equipo en buenas condiciones. Nos mantenemos bien y descansados. Trabajamos y viajamos sin temor, sin esperar daños.

Dios está conmigo dondequiera que esté, en cualquier cosa que haga. Pienso y actúo con seguridad. Me libro de peligros.

Empleamos más tiempo esperando el bien. Sabemos que el amor protector de Dios va siempre delante de nosotros, haciendo que nuestro camino sea seguro. Sabemos que la luz de Cristo nos rodea, protegiéndonos contra los daños y actos que no deberíamos cometer.

El amor de Dios va delante de mí dirigiéndome, guiándome y protegiéndome. La luz de Cristo me rodea todo el tiempo y recibo protección. Actúo de manera segura. Ayudo a otros a actuar de manera segura. Estoy consciente constantemente de que la presencia protectora de Dios está conmigo.

Sabemos que cuando no tememos accidentes nuestras vidas son más felices. Un hombre se sobrepuso al temor de accidentes diciendo esta afirmación cada vez que conducía su automóvil: *"Estoy en armonía con el infinito"*.

El creía que si se mantenía en armonía con el infinito, nunca estaría donde no debía estar.

Pero ¿qué de las heridas en los accidentes?

Primero sabemos que nada ha ocurrido con la creación de Dios, nuestro ser perfecto; el molde de nuestra perfección se mantiene intacto, a pesar de las apariencias de las condiciones del cuerpo físico. Agradecemos inmediatamente la vida de Dios que es siempre parte de nosotros y Su poder curativo que ya está activo. Sabemos también que cada persona que nos ayuda es guiada por la Mente Divina a hacer lo correcto por nosotros. Sabemos que todo está en orden divino y Dios está en control.

Mantenemos nuestra mente en la curación perfecta; apartamos nuestros ojos, determinada y resueltamente, de la apariencia física a la curación. No perdemos tiempo preguntándonos por qué ocurrió el accidente, ni qué fue lo que nosotros u otros hicimos incorrectamente, ya sea antes o durante el mismo.

Lo más importante es asegurar inmediatamente que no hacemos nada que interfiera con los procesos curativos del cuerpo, como permitir la desesperación, el temor, el culparnos o culpar a la persona responsable por lo que ocurrió. Más tarde podemos decidir lo que estaba incorrecto con nuestros pensamientos o acciones; ¿estábamos demasiado apresurados, enojados, emocionalmente agitados, cansados? Cualesquiera que sean las respuestas a estas preguntas u otras similares, no nos culpamos. Aprendemos lo que necesitábamos de esa experiencia y resolvemos no dejar que eso ocurra nuevamente y redoblamos nuestros esfuerzos para eliminar los vestigios de una conciencia de accidentes que todavía tengamos.

La curación tiene lugar en mi cuerpo ahora. No hay retraso. No interfiero con esta curación al estar temeroso, resentido, quejoso o emocional. Me mantengo relajado de manera que las corrientes de la vida curativa puedan fluir a través de mi cuerpo, sanándome. El milagro de la curación tiene lugar en mi cuerpo ahora. Espero curación y ésta llega. Tengo un cuerpo maravilloso. Se sana sin importar lo que haya que sanar.

Dios me sana. "El sana al lisiado y fortalece al débil." Sé que Dios sana y El me sana ahora. Descanso tranquilamente, sabiendo que la curación tiene lugar ahora. Me sano perfecta, maravillosa y milagrosamente ahora. ¡Gracias Dios!

El alcoholismo

Las estadísticas demuestran que cada año aumenta el número de los que consumen alcohol, lo cual les causa daño físico, psicológico, económico y social —debido a que toman en exceso. Entre estos están los alcohólicos crónicos, los bebedores consuetudinarios y los incontrolables. El beber continuamente en exceso deteriora el cuerpo y la mente y disminuye el promedio de vida. Mientras los que beben excesivamente parecen poder tolerar el gran abuso a sí mismos, ellos nunca funcionan a su nivel máximo y el daño que causan a otros es a menudo tan grande como el daño que se causan a sí mismos. Se arruinan familias, las carreras y los talentos se disipan. Pero la curación puede llegar.

Volvemos a las causas. A veces la bebida empieza con la intención de escapar de lo desagradable, lo difícil. A veces el individuo ha estado disgustado con la vida, no ha recibido el trato que debía, no ha tenido el éxito que quería, se siente que está solo contra el mundo. Se dé cuenta o no, se siente separado de Dios y del bien. No está seguro del amor de Dios hacia él. A medida que su problema se pone más serio, sólo puede pensar en un Dios condenador porque él se condena a sí mismo. Se encuentra en un gran dilema: entre querer huir de sí mismo, de todo lo que es y lo que no es, y odiar en lo que él se está transformando. Para escapar esto bebe más, y el círculo vicioso continúa y continúa hasta que llega el momento en que deja de tomar por un período de tiempo suficiente para desear dejar de beber y darse cuenta de que el amor de Dios le aguarda y está listo para ayudarle.

Durante este período las oraciones amorosas y no condenatorias, pueden ayudar. Aquellos que lo rodean pueden ayudarlo al no pensar que él es alcohólico, sino un hijo perfecto de Dios, y afirmar que él acepta la guía interior, sepa o no de dónde proviene. La esposa de un alcohólico usó las siguientes afirmaciones efectivamente:

"Tú eres un hijo perfecto de Dios. Dios te ama, siempre te ha amado y siempre te amará. Pierdes todo deseo de beber en exceso. Eres transformado en tu propio ser ahora. Dios te ayuda en todos los aspectos".

Un hombre, que dijo que volvió en sí el tiempo suficiente para darse cuenta de que Dios lo esperaba, encontró ayuda suficiente para resolver no volver a beber usando las siguientes afirmaciones:

"Dios está conmigo en cada instante ayudándome a respetar mi cuerpo y mi mente. El me dice qué hacer y estoy demasiado ocupado para perder el tiempo bebiendo. Dios no me condena; tampoco me condeno a mí mismo. Dios me ha liberado para ser la persona que debo ser. Ya no existe más en mí el deseo de beber. ¡Gracias Dios mío!"

Se cree que aquellos que beben están realmente buscando algo que no tienen: la felicidad, la inspiración. Erróneamente el bebedor espera que el alcohol lo estimule, y, por el contrario, lo deprime. Los primeros efectos del sedante pueden ser relajantes, trayendo un alivio temporal de lo desagradable. Después viene la disminución de la conciencia mental y física y la falta de control del cuerpo y las emociones.

Para el que busca felicidad, la meditación

puede ayudar, pero ésta debe tener un propósito. Simplemente el aquietar la mente no es la respuesta. Es esencial tomar en la quietud una palabra, un pensamiento, una cualidad de Dios, como un enfoque protector para la mente. La palabra puede ser: paz, amor, fortaleza, regocijo, liberación, sabiduría, valor, abundancia. Aquellos que han buscado inspiración en el alcohol, a menudo encuentran estimulación creativa a través de la meditación. Con esta fuente de inspiración, el deseo de beber se alejó de un hombre. El dudó que un rato de meditación estableciera una diferencia. Pero encontró un gran cambio. Ganó un concurso con una idea que le vino durante la meditación; ¡tenía tantas ideas para su trabajo que ya no tenía tiempo para beber! El usó estas afirmaciones:

"Dios es mi fortaleza, guía, protector e inspiración. No necesito ayudas falsas. Mi vida cambia hacia lo mejor. Ya no quiero beber; soy una persona nueva. He cambiado completamente. Mi vida es nueva y está llena de toda clase de bienes maravillosos. Soy una persona nueva e interesante. Soy la persona que Dios quiere que sea. El me ayuda en cada paso del camino. El me dice qué hacer, y lo hago".

Las alergias

Las alergias son indicaciones de reacciones adversas del cuerpo hacia ciertas cosas en el medio ambiente o hacia algo en el cuerpo. Siempre reaccionamos a personas, condiciones, circunstancias y cosas. Si tenemos alergias físicas, debemos investigar si tenemos alergia hacia las personas. ¿Cómo reaccionamos a las personas en nuestra vida? Las personas son más importantes que las circunstancias en este caso, porque hacen de una situación lo que es. A veces decimos que la gente nos irrita. Esto puede ser literalmente verdad. Podemos hacer que nuestros sentimientos hacia las personas nos ocasionen salpullidos o ronchas. Podemos hacer que las personas causen enfermedades físicas, que nos causen dolores.

Muchas de las alergias desaparecen cuando los individuos reconocen su reacción adversa a otras personas, y dejan de hacerlo. Al ver a Dios en los demás, sanan, ya que no pueden reaccionar desfavorablemente a Dios. Se pueden usar algunas de las afirmaciones siguientes:

"No reacciono a las personas. Siento que Dios está en ellas. Sé que Dios está en ellas. Estoy en armonía con Dios. Por lo tanto, estoy en armonía con toda la gente, pues Dios está en todos.

Ninguna persona me perturba. Reacciono sólo con amor. Ya no reacciono físicamente ante nadie o nada en mi mundo".

Un hombre que era alérgico a varias plantas en su rancho usó casi las mismas afirmaciones. Necesitaba quedarse allí y estar cerca de ellas. Sabía que él era el que tenía que cambiar y así lo hizo. Rehusó tener más alergias. Rehusó pensar que cualquier cosa en el mundo de Dios pudiera causarle daño. Rehusó reaccionar con los síntomas físicos de las alergias.

"Reacciono sólo al bien y en maneras positivas. Nada me perturba, ninguna persona, ninguna circunstancia, ninguna cosa. Nada irrita mi cuerpo. Soy libre de ir y venir como sea necesario, y nada interfiere ahora con mi salud y bienestar."

Las siguientes fueron afirmaciones que aliviaron con éxito las alergias: *"Soy libre de resentimientos hacia la gente o acontecimientos pasados y presentes; soy libre de odios y temores. Me encuentro en armonía con todos y todo, ahora y siempre. Nada me perturba mental, física o emocionalmente. Reacciono mentalmente con comprensión e inteligencia. Reacciono emocionalmente con amor. No reacciono físicamente a nada en mi vida. Toda irritación ha desaparecido. Siento paz mental, emocional y corporal.*

Ya no tengo alergias".

Los brazos, las manos, las piernas y los pies

Hacemos contacto con el mundo por medio de nuestros brazos, manos, piernas y pies. También nos comunicamos con los ojos, las palabras y el tono de la voz. A veces el cuerpo "habla" a otras personas, pero es principalmente a través de las manos y los brazos que invitamos o alejamos a las personas, y nos acercamos a ellas o alejamos de ellas con las piernas y los pies.

Metafísicamente pensamos en los pies como nuestra comprensión. Hacen nuestro contacto con el mundo, mientras que las manos son las que llevan a cabo nuestros deseos y pensamientos. Los pies y las manos tienen mucho que ver con la manera que nos sentimos y lo bien que funcionamos. Cuando los pies o las manos nos duelen es difícil hacer lo que debemos hacer. Las manos y los pies son maravillosas creaciones, creados complejamente. Las huellas de los pies de un bebé y las huellas digitales se han usado por mucho tiempo para la identificación. Los pies han sido creados para transportarnos kilómetros cada día, año tras año. Nuestras manos hacen un trabajo increíble. Si las manos y los pies fueran construidos de metal duro, en un año estarían delgados o completamente desgastados por tanto uso. Pero las manos, con un mínimo de cuidado y consideración, se mantienen en perfecto estado. Los pies protestan más fuertemente cuando los calzamos con zapatos incómodos.

Las piernas y los brazos nos llevan a lugares y pueden llevar cargas. Los hombros, caderas, rodillas, codos y tobillos deben también estar fuertes, flexibles y de movimiento libre. Los ayudamos a hacer su trabajo al mantener nuestro cuerpo libre de tensión. Nuestras articulaciones deben moverse libremente, nuestra estructura ósea debe estar erguida, nuestros músculos fuertes y libres de dolor o hinchazón. Y pueden estar así.

La fe fortalece los músculos dondequiera que estén; la sabiduría compone todo incluyendo los huesos; el amor siempre sana. Podemos darnos un masaje diario en los pies, piernas, manos y brazos, y decirles: "La fe los fortalece, el amor los sana, la sabiduría los endereza". Esta fue la afirmación de curación que usó una señora para sus pies, los cuales se habían deformado debido al uso de zapatos inapropiados.

Otra señora afirmó lo siguiente: *"Bendigo mis pies, pues ellos son los mensajeros de Dios. Su amor disuelve todas sus durezas, borra to-*

das sus manchas, alivia toda hinchazón. Mis articulaciones se mueven libremente porque estoy completamente libre de toda tensión.

Cualquier dureza en mi corazón se disuelve cuando el amor de Dios lo llena y Su amor es el aceite perfecto para lubricar mis articulaciones. El mantiene todo movimiento libre de tensión. El amor lubrica y mantiene 'las bisagras' de mi cuerpo libres de 'chirridos' y dolores".

Vemos las manos como instrumentos para hacer el trabajo de Dios. El hace trabajos a través de nosotros y la mayoría de lo que El desea que hagamos es por medio de nuestras manos. Así que ellas son los agentes especiales de Dios.

Mis manos son las manos de Dios. Agradezco todo lo que hacen y las bendigo. Se embellecen cada día a medida que las uso conscientemente para expresar las cualidades de Dios en mi vida. Creo con mis manos. Expreso amor y sano con ellas. Doy vida con mis manos. Las mantengo abiertas para recibir el bien que es mío y compartir lo que tengo con otros.

No tratamos de esconder nuestras manos si no son atractivas. Por el contrario, las bendecimos y las llamamos hermosas. Ellas siempre responden. Una señora quería que sus pies y manos fueran más hermosos. Oró de la siguiente manera: *"Padre, gracias por mis manos y pies. Son hermosos. No sufren dolor ni están hinchados; son perfectos. Mis pies me llevan rápidamente hacia el bien; mis manos lo reciben. Tú llevas mi carga para que mis hombros no se sobrecarguen. Todas mis articulaciones se mueven libremente y están completamente libres de tensión. Te alabo, y estoy agradecida por la maravilla de mis pies y piernas, de mis manos y brazos".*

La artritis y el reumatismo

Es comprensible que la causa metafísica de la artritis es el encontrar faltas, la crítica, la lucha, la ansiedad habitual, el temor y la resistencia. La ciencia médica define la artritis como la inflamación de las articulaciones. ¿Qué es lo que puede causar más inflamación que la crítica, la resistencia, o la ansiedad? Para aliviar el dolor y relajar los músculos tensos debido al malestar, la ciencia médica usa drogas. Sin embargo, podemos trabajar espiritualmente para sanar la artritis o el reumatismo.

Evitamos buscar faltas y criticar. No regañamos. No tememos. No esperamos condiciones difíciles en nuestra vida y no hablamos de ella como si fuera difícil. Aprendemos a relajarnos. Bendecimos nuestro cuerpo y lo imaginamos en forma perfecta, completamente relajado, de manera que todas sus funciones operen perfectamente, sin ninguna interferencia. Bebemos líquidos con amor, comemos cada bocado con amor, respiramos cada aliento con amor, pensamos con amor, expresamos amor con cada palabra —porque sabemos que no sólo es el amor el gran sanador, sino es también el antídoto para cada factor que causa las condiciones artríticas.

El amor es lo único que eliminará el temor y el querer encontrar faltas. El amor puede disolver cada depósito en nuestras articulaciones, puede aflojar las coyunturas y relajar los músculos. Por medio del amor nos liberamos del dolor, la rigidez, la hinchazón. Para ayudar el amor cuidamos de nuestro cuerpo mucho mejor de lo que lo hemos hecho antes. Comemos alimentos saludables, hacemos ejercicios, descansamos. Agradecemos nuestro cuerpo por cada mejora, y constantemente esperamos más progreso. Esperamos curación.

Un hombre que no estaba consciente de su tendencia a criticar y encontrar faltas (¡su esposa lo sabía!) usó la siguiente afirmación para comenzar su curación: *"Mis pensamientos son amorosos. Mis sentimientos hacia otras personas y condiciones son amorosos. No hay dolen-*

cias ocultas o resentimientos en mí. No critico a nadie y nadie me critica. No encuentro faltas en nadie. No tengo tiempo para criticar porque estoy ocupado en servir. El amor alivia mi dolor, relaja mis articulaciones, fortalece todos los miembros torcidos. Estoy libre de toda dolencia emocional y de toda incomodidad y molestia física. No hiero a nadie con mis palabras. No me hiero a mí mismo con palabras y emociones hirientes.

Soy gentil, cariñoso, amable y comprensivo. Mi cuerpo responde a todo este amor. Mi mente, mis emociones y todo mi cuerpo están finalmente relajados. Cada articulación y músculo está relajado. Protejo mi cuerpo con sentimientos de calma. El amor de Dios sana mi cuerpo ahora.

Veo mejoras cada día . Me siento mejor y soy más cariñoso. Cada día estoy libre de toda tensión, dolor y rigidez. La curación tiene lugar perfectamente sin ninguna demora. ¡Gracias Dios mío!"

La belleza y la juventud

Todos queremos ser más hermosos que la imagen que vemos en el espejo. ¡Todos queremos ser jóvenes, jóvenes, jóvenes! Cada año se gastan millones de dólares en la búsqueda de una apariencia joven y hermosa. Mientras continuamos deseando la substancia perfecta para ponernos en la piel y el cabello, sabemos que la verdadera belleza y juventud vienen de adentro. Es aquí donde nuestros tratamientos espirituales comienzan.

Tratamos al "yo" verdadero, a la persona interna. Vemos primero si nos sentimos viejos o jóvenes, feos o hermosos. Las personas han hecho mucho para sentirse no sólo más jóvenes, sino para parecer más jóvenes y hermosas. La mayoría ha cuidado tanto de la persona interna como de la externa. También puede ayudar a una mujer sentirse hermosa el uso de cosméticos que limpian, suavizan y revitalizan la piel. Puede levantar el ánimo el oler la fragancia de jabones, lociones y perfumes. Es necesario que observemos lo que comemos y bebemos. Pero lo que pensamos y sentimos es de aún más importancia.

Nuestro rostro refleja nuestros sentimientos y pensamientos. Algunas líneas en la cara provienen de nuestros pensamientos y sentimientos. Algunas añaden carácter a nuestro rostro, otras eliminan su belleza. Una mujer encontró que su cara se hizo más agradable después de repetir por algún tiempo: *"Tengo sólo pensamientos buenos y felices. Pienso en la belleza, la paz, el orden y la felicidad. Mi rostro refleja mis pensamientos. El bien y la belleza de mis sentimientos se reflejan en mi cara".*

La mayoría de nosotros debemos dejar de pensar en la edad, la nuestra y la de otros. Es muy fácil poner a alguien en una categoría de acuerdo con su edad, pensando que en una edad indicada sólo se pueden hacer ciertas cosas. Nos inclinamos a clasificar a la gente de acuerdo con su edad. Algunos de nosotros reaccionamos con no querer celebrar nuestros cumpleaños. Pero los cumpleaños son "nuestros días", y no deberíamos lamentarlos ni temerlos como señales que limitan nuestros años de vida. Ellos son los indicadores del regalo de los años que recibimos, de la sabiduría que hemos adquirido, de la felicidad que hemos disfrutado. Debido a que esperamos todavía mayor bien, tenemos la expectación y energía de la juventud. Pensamos lo mismo acerca de otras personas: queremos que se sientan jóvenes, vivas, saludables, esperando aún mayor bien. No queremos estar conscientes de la edad, queremos estar conscientes de la juventud, y deseamos que otros piensen en la juventud y la sientan.

Cuando le preguntaron a la actriz Ruth Gordon, cómo mantenía tan buena salud y vitalidad a los setenta y tres años, respondió:

"Soy muy buena conmigo misma. Descanso lo suficiente. No como con exceso. Camino cada día tres millas. Me trato como el tesoro que soy".

Un hombre que era joven y buen mozo tenía más edad que lo que mucha gente creía. Por mucho tiempo había usado la siguiente afirmación: *"Estoy alerta y vivo en todas formas; no me pierdo ninguna broma. Aprecio el pasado. Disfruto del presente. Anticipo jovialmente el futuro. Soy joven y buen mozo. Tengo mucha energía. Soy feliz. Tengo éxito, salud, dinero y sabiduría. Mi mente, mi cuerpo y mis emociones son espléndidamente jóvenes". ¡Y así era él!*

Sí, cultivamos la belleza, fortaleza y juventud internamente. Cultivamos ideas y sentimientos jóvenes. Vemos nuestro cuerpo hermoso y esperamos ardientemente experiencias nuevas, felices y maravillosas. Cuidamos de nuestro cuerpo sensatamente, vigilamos nuestros pensamientos y sentimientos y, por lo tanto, alentamos la belleza interna, el encanto y la juventud. Después lo vemos así en lo exterior.

Gracias, Dios mío, soy joven en mente, cuerpo, apariencia y acción. Gracias, Dios mío. Veo belleza en la gente y en todo. Veo belleza alrededor de mí en este mundo hermoso creado tan maravillosamente por Dios. Gracias, Dios mío, expreso belleza por medio de palabras y hechos. Gracias, Dios mío, soy joven y hermoso ahora.

La sangre

Llamamos a la sangre "la proveedora de vida", y así es. La sangre y su sistema circulatorio constituyen una gran maravilla. Su funcionamiento es una instrucción espiritual. La sangre circula para alimentar todas las partes del cuerpo y recoger los desperdicios. Después regresa para ser purificada y renovada. Podemos acoger pensamientos de vida y fortaleza, eliminar los antiguos pensamientos de enfermedad y renovarnos. Se cree metafísicamente que las condiciones de la sangre son el resultado de temores, tensiones, antiguos resentimientos, preocupaciones y desesperación. Comprendemos cómo los temores y las tensiones pueden comprimir las arterias y venas, de manera que no pueden funcionar apropiadamente. Comprendemos cómo la preocupación y desesperación pueden retardar la circulación, creando resultados negativos. Comenzamos eliminando las causas.

No me deprimo. No me desespero. Espero el bien. Me siento jovial y feliz. Mi sangre circula libre y debidamente. Es pura, feliz, viviente. La vida de Dios la mantiene perfecta.

Si nuestra presión no es normal, ya sea muy alta o muy baja, podemos atemorizarnos. Un hombre estaba muy preocupado por su presión alta. La presión alta "era común en la familia". Las siguientes afirmaciones ayudaron a que su presión bajara:

"Estoy libre de tensión y presión. He heredado sólo lo bueno. No temo a nada pues mi Padre está siempre conmigo. Mi presión sanguínea es normal. No hay interferencia con la libre circulación de sangre en mi cuerpo. Aprecio el funcionamiento maravilloso de la sangre en mi cuerpo que me rejuvenece y sana".

La curación de una condición enfermiza de la sangre occurió cuando se dijeron estas declaraciones: *"No tengo sangre enferma. Todo lo que debe estar en mi sangre está allí ahora; todo lo que no debe estar se elimina inmediatamente. Dios purifica mi sangre, renovándola, restableciéndola a salud y perfección ahora".*

Otra persona afirmó lo siguiente: *"Bendigo mi sangre y cuerpo. Siento la vida de Dios que circula a través de mis arterias y venas. Cada vaso capilar está sano y hace su trabajo perfecto —alimentando, renovando, revitalizando mi cuerpo. Inhalo vida y vitalidad, y mi sangre se limpia, se purifica, se llena de vida nuevamente. Bendigo mi corazón por su palpitación normal y confiable. Todo está bien con mi sangre y el sistema de circulación. Mi sangre está sana y llena de vida. Vivo con la vida de Dios. Todo en mi cuerpo está sano y perfecto".*

Las contusiones y cicatrices

¡No queremos tener contusiones y cicatrices! A veces parece que la última etapa de una curación es por la que nos preocupamos menos. Una cortadura se cierra y sana, los rasguños se curan, pero no trabajamos lo suficiente en las cicatrices y contusiones. Hay varias razones posibles. Tal vez pensemos que hay que darles tiempo. Quizás pensemos que, hagamos lo que hagamos, no desaparecerán. Acaso pensemos que no pueden curarse.

Hemos oído lo siguiente después de una herida seria: "Esta cicatriz no desaparecerá". Tenemos la tendencia de aceptar lo que nos dicen, pero deberíamos negarlo rápidamente. Deberíamos decir, por lo menos a nosotros mismos: "Mi cuerpo se renueva constantemente. Esta lesión puede curarse también. Mi piel quedará sin defectos".

Nos ayuda el recordar que nuestro ser espiritual es siempre perfecto, siempre intacto. Hemos aprendido que si mantenemos nuestros pensamientos en armonía y llenos de salud, si no permitimos las ideas negativas en nuestra conciencia, el cuerpo físico se parecerá al espiritual. Volvemos nuevamente de la condición a la curación: pensamos en una piel perfecta y suave, sin cicatrices.

Si tenemos contusiones sabemos que nuestro cuerpo está equipado para cuidar de eso rápidamente. Las células de los tejidos empiezan a trabajar inmediatamente para conducir la sangre adonde pertenece. La curación comienza hasta llegar a su fin.

Una oración útil es la siguiente: *No tengo contusiones internas o externas. No tengo tensiones ni sentimientos negativos que interfieren con la curación que ya está teniendo lugar. Bendigo todo dolor. Sé que el poder sanador de Dios trabaja. Esta contusión desaparece ahora. La vida de Dios está activa en cada célula, haciendo que mi cuerpo sea sano y mi piel suave y perfecta.*

Esta cicatriz (o contusión) no es permanente. Pasa rápidamente. Ahora no queda ninguna señal del daño. Gracias, Dios mío.

Los resfriados y virus

Hasta que no cuidemos de nuestros cuerpos adecuadamente conscientes de que son templos sagrados, vamos a ser susceptibles a los resfriados y los virus. Los médicos nos dicen que los gérmenes están en nuestro alrededor todo el tiempo y, cuando nuestras defensas están bajas, nos "atacan". Sí, mientras no respetemos nuestros cuerpos físicos y los guardemos de los pensamientos de enfermedad estaremos propensos a los ataques de resfriados y virus.

Metafísicamente, los resfriados significan confusión, agitación, un sentimiento de pérdida o conmoción, resentimientos y disturbios emocionales. Es fácil ver por qué la gente es propensa a éstos. Existe mucha confusión; existen toda clase de conmociones, pérdidas, disturbios en todo nuestro alrededor. A menudo estamos en medio de la confusión y el disturbio. No cuidamos muy bien nuestros cuerpos; no descansamos lo suficiente, no respiramos aire fresco, no hacemos ejercicio, no comemos correctamente. Por lo tanto, estamos propensos a los resfriados y virus.

Debemos tener mucho cuidado con los virus. Debemos cuidarnos de la más pequeña negatividad en nuestro modo de pensar y hablar, porque sólo se necesita una abertura muy pequeña para que el pequeño microbio del virus se introduzca. No permitimos que ni el pensamiento negativo más pequeño entre en nuestro subconsciente. No nos atrevemos a reaccionar de una manera negativa y a dejar que nada nos perturbe. Sobre todo tratamos de ser buenos con nosotros mismos, de establecer y mantener orden en cada parte de nuestros cuerpos.

Si nos resfriamos o nos ataca un virus, empezamos a cuidarnos (tal vez un poco tarde). Empezamos a tratar nuestro cuerpo con respeto. Nos acostamos y le damos a nuestro cuerpo descanso. Nos mantenemos tranquilos y serenos.

Algunas afirmaciones que ayudan son:

Nada ni nadie me perturba. Ninguna situación me molesta en absoluto. Estoy sereno y calmado. Estoy seguro de que todo va a estar bien en mi mundo ahora. No hay confusión en mi manera de pensar o en mi vida. Mi cuerpo trabaja ahora para eliminar este resfriado (virus). Todo lo que tengo que hacer es estar tranquilo, descansar y cuidarme. Sé que todo está bien ahora.

Mi cuerpo es el templo del Dios viviente y yo lo cuido adecuadamente. Vigilo lo que entra en mi cuerpo o mente. Reacciono positivamente a todo lo que ocurre. No tengo temores. Todo está bajo el orden divino. Nada me ha perjudicado en el pasado y nada me perjudica ahora.

Descanso. Me tranquilizo. Agradezco a Dios

este cuerpo que puede sanarse. Nueva vitalidad llega a mí ahora. Todas las señales de mi resfriado (virus) desaparecen ahora y nuevamente me encuentro con libertad y perfección. Todo está bien con mi cuerpo. ¡Gracias, Dios mío!

La digestión

Ya sea que comamos para vivir o vivamos para comer, debemos vigilar nuestra digestión. Nuestro complejo sistema digestivo es muy resistente, procesa la comida buena y la no muy buena. Mucho depende de nuestra digestión: nuestra disposición se afecta así como nuestra salud en general. Sabemos lo que debemos hacer para mantener nuestro sistema digestivo armonioso.

Debemos comer alimentos correctos en una atmósfera feliz, tomando el tiempo necesario para masticar la comida, estar tranquilos y sin prisa después de comer, sin preocuparnos, sin ponernos tensos. Sabemos esto —pero no siempre lo hacemos. Llevamos nuestras preocupaciones a la mesa. Comemos atragantándonos. Comemos y salimos corriendo. No tomamos tiempo para una eliminación normal, nos preocupamos, nos deprimimos, estamos llenos de temores, odiamos ciertas cosas o cierta gente. Hacemos todo esto y después nos preguntamos por qué tenemos indigestión, úlceras, trastornos del hígado, piedras en los riñones, estreñimiento, apendicitis, diarreas, y todo lo demás. ¿Qué podemos hacer para curar los resultados de nuestra actividad negativa?

Primero agradecemos a Dios el sistema maravilloso que ha creado para nosotros. Le agradecemos todos los procesos complicados, mecánicos y químicos que tienen lugar aunque no nos demos cuenta de ellos. Declaramos que el orden divino todo lo arregla para nosotros.

Tomamos tiempo para recordar lo que debemos hacer para mantener nuestro sistema digestivo funcionando armoniosamente. Comenzamos a pensar y sentir como debemos, porque nos damos cuenta de la relación que hay entre los pensamientos, las emociones y la digestión. Ahora sabemos más, empezamos a actuar de mejor manera. Ayudamos nuestras acciones por medio de estas afirmaciones:

Todo en mi cuerpo funciona perfectamente ahora. Ya no me deprimo. Ya no temo a nadie y nada. Ya no odio o me preocupo. Me siento feliz cuando como. Si estoy demasiado cansado, nervioso o perturbado, demoro mi comida hasta que recobre la calma. Hay armonía divina en mi mente y emociones y en el funcionamiento de los sistemas de mi cuerpo.

Selecciono mis alimentos cuidadosamente. Y no me trago los alimentos como si existiera un límite de tiempo para comer. Controlo mi apetito, éste no me controla a mí. Bendigo mis alimentos y éstos me bendicen. Todas las funciones están listas y receptivas a los alimentos que ingiero. Elimino todos los pensamientos que atan y restringen. Tomo tiempo para la eliminación adecuada de los desperdicios de mi cuerpo. Elimino ideas y hábitos que no son para mi bien. Mantengo mi cuerpo limpio interior y exteriormente. Hago ejercicios.

Hacemos que sea fácil para el poder purificador y sanador cuidar de cualquier condición que se presente. Esperamos curación y ella llega.

Las drogas

Si estamos enfrentando un problema con las drogas, esto no significa que es el fin del mundo. Hay muchos que buscan liberarse de las drogas. Pero no existe problema, a pesar de lo grande que parezca, que no se solucione de una manera inteligente, amorosa y exitosa con la ayuda y guía de Dios.

Los medios modernos de transporte y comunicación influyen en los jóvenes. Por mirar mucho la televisión ellos saben mucho más a una edad temprana; los automóviles veloces los llevan rápidamente lejos de la supervisión; se les ha dado todo, o no han tenido nada. Todo funciona de prisa. No es de sorprenderse que cuando quieren reconocimiento o aprobación lo buscan peligrosamente. No piensan de manera pequeña, no piensan en cosas menores, no piensan a la antigua.

El hombre todavía tiene los mismos deseos y necesidades y las mismas posibilidades. Tiene las mismas necesidades de salud física y mental, de reconocimiento a su persona, de logros, de triunfos, de satisfacción individual, de felicidad, de amor, de Dios. El hombre siempre ha tratado de conseguir todo esto de cualquier manera y muchos de los jóvenes hoy día lo buscan por medio de las drogas. Quieren perfección, posibilidades, experiencias. No se quieren perder nada, y lo que debemos hacer es tratar de ayudarlos de manera que no lo pierdan todo. Queremos que tengan experiencias y vidas significativas. Los jóvenes toman el camino de las drogas para conseguir significado, escape, reconocimiento. Para muchos es una manera de recibir atención: para los que vienen de hogares destrozados, para los que han pasado por necesidades, para los que no son atractivos y los que fracasan. Las drogas parecen ofrecer la posibilidad de recibir la atención que nunca tuvieron. Es también una manera de vivir peligrosamente y a los jóvenes siempre les gusta arriesgarse, siempre han querido probar lo desconocido. Ellos buscan esa realidad dentro de sí con la esperanza de encontrarla a través de los pensamientos y alucinaciones que se producen con las drogas. No saben, y probablemente no lo admitirían, que realmente están buscando al Dios morador; saben que sienten una necesidad, un anhelo, un vacío interior y piensan que las drogas son la respuesta.

Para muchos jóvenes las drogas son lo que está de moda, lo que les abre las puertas para pertenecer "al grupo", lo que les demuestra en qué lado de la acción están, el lugar donde la acción está. Sin duda para la mayoría es otra manera de experimentar, la manera moderna de mirar una flor o un insecto o una brizna de hierba, para averiguar lo que es, es como desarmar un reloj para ver qué lo hace andar, *la búsqueda de las respuestas.*

Si podemos recordar cómo a nuestra propia manera hicimos cosas que no eran prudentes cuando experimentábamos y buscábamos, no nos desesperaremos cuando sepamos que un ser querido usa drogas, que está con gente que sospechamos que usan drogas. Dios está todavía en Su cielo, en nosotros, en nuestros hijos, en los niños del vecindario, en las calles, en las universidades; no debemos olvidar esto ni por un momento.

No debemos olvidar la diferencia entre la persona y la acción. Deploramos la acción pero amamos a la persona. Le hacemos saber que lo que deploramos es la acción y que la amamos; tratamos de pensar, confiar, hablar con amor. Hasta nos preocupamos con amor. Nunca perdemos la fe, ni siquiera por un minuto. Le damos el poder a Dios, no a las drogas. Tratamos de entender cuál es la necesidad, pues sabemos que con la ayuda de Dios podemos satisfacerla. Sabemos sobre todo, que esto no es el fin, que esto también pasará, y que aún cuando parezca tan terrible, el bien puede venir de cualquier experiencia, incluso cuando ésta sea desagradable, horrible e ilegal. Evitamos decir o hacer algo que cause resentimientos y oposición.

Al mismo tiempo hacemos claro que sabemos lo que sucede y que no nos gusta lo que sabemos. Alabamos y damos gracias por todo el bien, tratamos de encontrar otras maneras de satisfacción, más que nada *estamos allí* —disponibles, comprensivos, deseosos, esperando que llegue el bien. Nuestra fe en Dios es tan clara que brilla en los momentos más obscuros.

Estamos atentos a la mínima indicación de cambio o deseo de cambio. Rehusamos condenar; tratamos de ayudar. Nos mantenemos firmes. No titubeamos. Estamos allí, para ayudar, hoy y mañana, esperando el bien, escuchando cómo Dios sugiere que ayudemos. Creemos en el bien de nuestros jóvenes, sin importar lo que hacen o dicen. El bien está allí y lo atraemos. No hablamos con menosprecio de jóvenes específicos o en general. Cuando podemos, expresamos nuestra esperanza llena de optimismo para un cambio para el bien. Las ideas seguirán.

Un padre tuvo la idea de escribir cartas al ángel de su hijo. Cuando estaba particularmente perturbado por las cosas que el hijo hacía y no podía encontrar paz de ninguna forma, le hablaba al ángel. Esta fue la manera de evitar condenar a su hijo y desalentarse sobre una situación que parecía empeorar. No sólo obtuvo confianza en el ángel, sino que recobró la confianza en su hijo. Si el joven tenía un ángel en sí (la naturaleza de Dios siempre está con él), entonces saldría bien de esto. Esto evitó que el padre se "consumiera preocupándose". Y todo resultó bien. Los dos pudieron "hablarse". Se recobró la comunicación. El joven encontró que su padre quería realmente ayudarlo, que su papá sabía más sobre las drogas que él mismo, y que estaba listo a escucharlo y a tratar de cambiar lo que molestaba a su hijo. Sobre todo su padre quería que trajera a sus amigos a la casa y no los condenaba. El joven le dijo después: "Estaba listo a irme....". ¡Lo que hubiera perdido el joven si se hubiera ido, preparado sólo para el fracaso!

El uso de drogas fue la última de las experiencias en la lista de circunstancias desagradables que una madre tuvo que pasar con su hija. La muchacha era alta, no muy bonita; no le iba bien en el colegio, no tenía amigos y tenía mal genio. Muchas veces no había asistido a clases; cada año tenía dificultades por lo menos con un profesor. Después comenzó a salir con un grupo de drogadictos. Todos cayeron en una redada policial. Los mayores fueron detenidos para ser enjuiciados, los menores fueron entregados en custodia de los padres. La madre estaba escandalizada. Pasó un tiempo antes que ella pudiera orar calmadamente. Cuando se tranquilizó lo suficiente, comenzó a recibir ideas.

A menudo las ideas que recibimos durante la oración parecen no tener sentido —pero es bueno seguirlas. Esta madre así lo hizo. Al día siguiente durante el desayuno le pidió a la muchacha sugerencias para decorar la sala. Cuando la muchacha se dio cuenta de que la madre realmente quería oír sus ideas, se alentó mucho. Pasaron dos semanas planeando. Los planes finales parecían "estrafalarios" pero la madre estaba dispuesta a ponerlos en práctica.

Algunos amigos nuevos vinieron a ayudarlas. La madre descubrió que debajo de ese cabello largo, peinado y despeinado, detrás de esas barbas, se encontraban jóvenes normales, inteligentes, con más experiencia que en su generación, pero realmente iguales. Ellos querían las mismas cosas que ella y sus amigos habían querido: divertirse, estar con gente amable y tener la libertad de ser lo que eran.

La próxima idea vino después de más oraciones: darle a su hija lecciones para modelo. Esto curó los sentimientos de inferioridad relacionados con su estatura. El saber que su madre la quería, así como a sus amigos, elevó sus sentimientos sobre sí misma y se llevaron a cabo muchos cambios.

La muchacha se volvió muy atractiva, tenía más amigos, sus notas mejoraron. Algunos del "grupo" desaparecieron de su vida permanentemente, otros se quedaron y también recibieron la ayuda de su madre.

Los padres de un muchacho que había estado

experimentando con drogas (y no sabía que ellos lo sabían) se ayudaron a sí mismos y ayudaron al muchacho con estas afirmaciones: *"Tienes el juicio divino y lo usas. Tienes la perspectiva divina y ves las cosas como son realmente. Nadie te engaña. No te engañas a ti mismo. Dios es el único poder en tu vida y te da sabiduría divina que usas en todo lo que haces. Te amamos y deseamos lo mejor para ti, ahora y siempre"*.

Las emociones

Las emociones son como las personas: ¡no sabemos qué hacer con ellas pero tampoco queremos que se aparten de nosotros! Si no reaccionamos emocionalmente tenemos problemas; si tenemos muchas o muy intensas reacciones nuestros problemas se vuelven más graves. Nuestro sistema reacciona involuntariamente a las emociones; pero podemos controlarlas si así lo deseamos. Nuestras emociones no tienen que controlarnos; podemos activarlas o desactivarlas. Podemos seleccionar y debemos hacerlo; de otra forma las emociones pueden arruinar nuestra vida.

Las emociones están en todo. Nuestros pensamientos están cargados de emociones. Nuestro lenguaje está salpicado con palabras llenas de emoción. Nuestros sentimientos y reacciones se determinan por medio de las emociones. Nuestra vida es mayormente el resultado de emociones que hemos expresado o reprimido. Nuestras emociones afectan tantas decisiones nuestras, y la mayor parte de las más importantes.

Dejamos empleos a causa de nuestras emociones, nos casamos con cierta persona debido a una emoción, algunas veces nos mudamos porque no nos llevamos bien con nuestros vecinos, determinamos nuestra vida social por medio de nuestras emociones, escogemos universidades y empleos muy a menudo debido a una respuesta emocional. Y muchos estamos emocionalmente enfermos—algunos sólo levemente, otros seriamente, aun críticamente.

No siempre le llamamos enfermedad emocional; pero cuando reaccionamos con prejuicios inmediatos, con odio inmediato o cólera, cuando "explotamos", cuando somos sensitivos y se nos hiere fácilmente, cuando tememos a casi todo, cuando llegamos a conclusiones muy rápidamente, estamos un poco enfermos emocionalmente, y cuando le gritamos a la gente estamos realmente enfermos.

Sabemos cuando estamos emocionalmente sanos y bien. Somos felices y nos sentimos bien en cualquier lugar. Nos llevamos bien con la gente, trabajamos bien, tenemos amigos, y somos personas activas. No perdemos tiempo, esfuerzo o energía con emociones que no son saludables. No permitimos que ocurran. No descuidamos nuestras emociones.

Podemos estar conscientes de las cosas y la gente que nos afectan emocionalmente, y ser objetivos. Esto facilita que sepamos cuáles son las emociones que nos afectan físicamente o evitan que vivamos feliz y exitosamente. Alentamos las emociones que nos hacen más saludables, felices y eficaces. Tomamos tiempo para evaluar. Posponemos hablar o actuar hasta que hayamos separado una reacción emocional de una reacción inteligente. Cultivamos un punto de vista saludable sobre la vida y reaccionamos con calma hacia todo lo que sucede. No es que no queramos emociones en nuestra vida, sino que deseamos asegurarnos de que las emociones que permitimos sean las que queremos. Varias técnicas pueden ayudarnos al respecto.

Una señora encontró ayuda al repetir esta afirmación muchas veces durante el día: *"No tengo que responder este minuto. Puedo esperar un poco"*. Tuvo menos problemas con su estómago y se sintió mejor y sus días fueron más felices.

Un hombre que creía que tenía los peores empleados del mundo, encontró que eran los mejores después que empezó a usar estas afirmaciones constantemente: *"Lo que importa en esta oficina es que yo sea amable y comprensible"*.

Se cometieron menos errores y hubo un mínimo de absentismo.

Una mujer se sorprendió al darse cuenta de lo emocional que era. Siempre pensó de sí misma como una persona que se controlaba, pero descubrió que suprimir sus reacciones emocionales le causaba tensión. Su cuerpo era una rígida maraña de nervios y sus músculos raramente se relajaban. Las siguientes afirmaciones la ayudaron hasta que se convirtió en la persona que quería ser:

"Con la ayuda de Dios vivo este día fácilmente. Mi cuerpo está relajado, mi mente está relajada, mis emociones están relajadas. Tengo buen humor. Veo las cosas como realmente son. Sé que todo se puede alterar, reparar, cambiar y corregir. Soy flexible, receptiva y veo las cosas como otros las ven, no sólo desde mi punto de vista. Me gusta la gente. Respondo a lo que hacen y dicen con cariño. Ya no estoy a la defensiva, no pongo nada a la defensiva porque no critico ni condeno. Ni siquiera soy exigente.

Dejo que la vida siga su curso. Tomo todo con calma y mi vida es ahora fácil, feliz, exitosa, armoniosa y pacífica. Con la ayuda de Dios puedo hacer esto hoy".

Podemos decidir qué emociones queremos expresar en nuestra vida. Podemos decidir cómo deseamos responder y reaccionar. Nosotros decidimos nuestras emociones y, cuando lo hacemos, tomamos decisiones que mejoran nuestra vida.

Las epidemias

Todos somos susceptibles a lo que otros dicen y sienten y el creer en una epidemia aumenta sus proporciones y el temor colectivo a ella. Sin embargo, no tenemos que encontrarnos en el furor del pensamiento colectivo. Podemos pasar por epidemias sin que éstas nos afecten.

Debemos volver constantemente a la pregunta básica de nuestra vida: ¿A qué le doy poder? ¿A Dios o a las epidemias? Es sólo después de estar muy seguros de nuestra posición, que sabemos que no hay nada que temer en una contaminación, ya que Dios es todo en todo. Podemos detener epidemias si sabemos esto, porque la verdad que sabemos sobre nosotros, la sabemos para otros. Podemos saberlo para todos, estén conscientes o no del único Poder y de la única Presencia; y podemos hacerles darse cuenta de que el único poder en las epidemias es el poder que se les da al esperarlas y temerlas. La única infección verdadera es infección del bien.

Hace varios años una madre de tres niños se encontró en una epidemia de polio. Dondequiera que iba le advertían y la gente expresaba temores por sus hijos. Ella sabía que tenía que protegerlos espiritualmente. Los cuidó físicamente, asegurándose de que recibieran el descanso adecuado. Los mantuvo alejados de otra gente —no por temor a la infección, sino para evitar que el temor y la conciencia de la epidemia influyeran en su estado mental. Rehusó hablar con nadie sobre la epidemia. Pensó en la Presencia de Dios. Mientras andaba por su vecindario veía la Presencia allí; mientras conducía por la ciudad, sentía la Presencia en todas partes. Bendecía a cada persona que veía con el poder protector de Dios, el mismo poder que invocaba para su familia.

Usó las palabras del Salmo 91: "Mi Señor, 'El que habita al abrigo del Altísimo morará bajo la sombra del Omnipotente...Mi Dios, en quien confiaré. El te librará del lazo cazador, De la peste destructora ... No temerás el terror nocturno ... Ni pestilencia que ande en oscuridad".

Mientras estaba pensando, las siguientes palabras de un himno antiguo le vinieron a la mente: "Caminando en la luz, caminando en la luz..."

Todos podemos caminar en la luz, y ser protegidos como esta familia lo fue contra el temor, contra cualquier epidemia. Cuando leemos o escuchamos algo sobre cualquier epidemia, sabemos que los contagiados pueden caminar en la luz, pueden liberarse del temor, porque la presencia de Dios está allí más poderosa que cualquier epidemia.

Un hombre descubrió esta verdad en un edificio de oficinas donde se presentó una epidemia. El hizo que las persianas permanecieran abiertas, que hubiera luces en todas partes. Compró flores, y dijo que eran para todos los sanos. Imaginó a todos sus empleados felices, saludables y trabajando. Hizo que surgieran nuevas ideas sobre el trabajo para mantener la conversación lejos de la epidemia. Vio a toda su gente en la Presencia, caminando en la luz.

No sólo su oficina no fue "atacada" tan fuerte como otras en el edificio, sino que la epidemia no duró mucho tiempo en ningún lugar.

Esto nos hace recordar que debemos apartar nuestros pensamientos de las apariencias y dirigirlos hacia la curación y salud. Esta es la manera de caminar en la luz y permanecer en la Presencia.

La fatiga

Muchos de nosotros nos acostamos cansados, despertamos cansados, y pensamos que debimos haber nacido cansados. Cada parte de nuestro cuerpo siente agotamiento —nuestros músculos, nuestros huesos, nuestros ojos se sienten cansados. Nunca dormimos lo suficiente y pensamos que necesitamos algo más que el sueño para sobreponernos de nuestra fatiga.

Debemos recobrar nuestro entusiasmo hacia la vida. Necesitamos descubrir el entusiasmo y la alegría, dirigirnos hacia la Fuente para la renovación de nuestra fortaleza y energía. Debemos recordar nuevamente quiénes somos. Como hijos del Señor, nuestra fortaleza proviene de El; y podemos contar con El para renovarla, para poder correr sin fatigarnos y caminar sin desmayarnos.

A veces llevamos una carga en mente y corazón. ¿Estamos cargando perjuicios y desilusiones del pasado? ¿Somos felices? La alegría y felicidad aligeran las cargas. Si invitamos la alegría a nuestra vida, encontraremos que no estamos "agotados", estaremos vivos, listos para el bien de cada día.

Una mujer que había estado "cansada por años" encontró que el cansancio ya no existía después que comenzó a dar gracias a Dios cada mañana: *"Este día está lleno de alegrías para mí. Hago mis quehaceres fácilmente porque soy feliz"*.

Otra mujer dijo que se sobrepuso a su fatiga al olvidar lo mucho que había que hacer y pensar sólo en el trabajo delante de ella. Repetía: "El Señor proporciona para cada momento". Esto fue suficiente para establecer un cambio.

Un hombre que no podía recordar un momento en que no se hubiera sentido cansado, usó estas afirmaciones: *"Dios elimina la faena pesada de mi trabajo. Recibo ayuda de varias formas. La carga de mi trabajo se alivia. Mi cuerpo descansa completamente. Ya no me siento cansado"*.

Recibió ayuda en su trabajo en modos inesperados. Llegó al punto en que se acostaba porque tenía sueño, no porque estaba "agotado".

Sin importar por cuánto tiempo hemos estado fatigados, podemos sentir renovación cuando dejamos que la alegría y felicidad entren primero en nuestras mentes y después en nuestro trabajo y luego en todo nuestro cuerpo. Nos daremos cuenta de que caminamos más livianamente, que despertamos deseosos de ver lo que nos trae cada día, que esperamos ayuda si la necesitamos en vez de trabajar en exceso. Nuestra fatiga puede curarse; podemos terminar nuestro trabajo sin sentirnos agotados.

La fiebre

La fiebre es parte de las defensas del cuerpo contra la enfermedad. La fiebre indica que el cuerpo se apresura para atacar a los invasores, acelerando grandes cantidades de glóbulos blancos al lugar de ataque, redoblando los esfuerzos para eliminar los desperdicios. Metafísicamente, la fiebre indica temor, preocupación, falta de armonía. Estos síntomas deberían preocuparnos más que la fiebre en sí.

Los médicos también se preocupan más por la causa de la fiebre que lo que el termómetro indica. Cuando tenemos fiebre podemos tomar un momento para dar gracias por el sistema renovador que tenemos, por la vida de Dios en nosotros lista para renovar y corregir. Aun en este momento la curación tiene lugar. Apresuramos nuestra curación cuando la reconocemos. Eliminamos el temor cuando expresamos nuestra fe en la habilidad del cuerpo de curarse sin demora y sin límites.

La fiebre puede darnos la oportunidad de

practicar el sobreponernos al temor. Cada vez que tenemos más fe que temor, se elimina la fiebre y aumenta la fe.

Una señora joven tenía una fiebre alta. Estaba atemorizada no sólo por los grados en el termómetro, sino también por el hecho de que estaba sola en una ciudad extraña. Entonces recordó quién era y a medida que dormitaba en medio de su fiebre, oraba: *"Padre mío, Tu estás aquí. No estoy sola. Tu estás aquí. Estoy bien"*. Sabía, aun en su estado semiconsciente, que no tenía que preocuparse por la fiebre, por estar sola o por los asuntos que debía atender al día siguiente. Nada importaba sino Dios.

Cuando se despertó se sentía tan bien, como si nunca hubiera tenido fiebre. Por un momento se olvidó de que había estado enferma. Después lo recordó y agradeció su curación.

Varios miembros de una familia estaban enfermos al mismo tiempo. El más joven, de seis años, se despertó a la media noche sintiéndose con mucho calor y adolorido. Estaba atemorizado. Quería que uno de sus padres estuviera con él, pero recordó antes de llamarlos que ambos estaban enfermos. Entonces recordó las últimas líneas de "La oración de fe":

> *"Dios es mi todo, voy sin temor*
> *bajo las alas de Su amor"*.

Al principio el niño tuvo que forzarse a repetir estas palabras porque su mente estaba muy atemorizada por el malestar. Continuó repitiéndolas hasta que se durmió. En la mañana ya no tenía fiebre. No lo hubiera recordado si su madre no le hubiera dicho lo mucho que se alegraba de que él ya no estaba enfermo.

El le dijo: "Estaba, pero no tuve temor y la fiebre se fue". Nuestras fiebres desaparecerán también si no tememos y recordamos que Dios, Su amor y Verdad siempre nos acompañan, protegiéndonos, sanándonos y haciendo que todo esté bien en nosotros.

Las glándulas

A veces nos olvidamos de nuestras glándulas, a pesar de que ellas nos mantienen activos y trabajan en conjunto para mantener la salud. Nos protegen de muchas maneras: regulan nuestro crecimiento, ajustan la asimilación de alimentos, almacenan nutrientes, estimulan la actividad a través del cuerpo y combinan las funciones mentales y físicas, dándonos salud y haciéndonos personas sanas. Nuestras glándulas están siempre activas y algunas veces necesitan ayuda para continuar su perfecta labor.

Podemos afirmar orden divino para ayudar a que las glándulas funcionen eficientemente.

Cuando están en orden divino, sus hormonas ajustan, equilibran y regulan el cuerpo.

A una señora le habían dicho que debía someter parte de su tiroides a rayos X. Ella confió en el orden divino y su glándula respondió perfectamente. Sus palabras fueron simples y directas:

"Mi tiroides funciona perfectamente. Existe el orden divino en todas sus actividades. No trabaja en exceso, no hay falta de acción, existe sólo la acción perfecta y saludable. El orden divino se establece no sólo en mi tiroides, sino en todas mis otras glándulas".

Los padres de un niño que crecía más rápidamente de lo normal usaron el orden divino para regular el funcionamiento de la hipófisis. Sus afirmaciones fueron las siguientes:

"No existe exceso de actividad en el cuerpo de Juan. El orden divino se encarga de esto y controla su crecimiento. Así como debe ser. Juan crece correctamente. Su cuerpo se desarrolla perfectamente en el momento correcto. Dios está a cargo de su crecimiento".

Ellos rehusaron preocuparse o seguir buscando cambios. El cambio ocurrió por sí mismo y el ritmo de su crecimiento se normalizó.

Siempre que trabajamos con el orden divino se nos revelan ideas para mejorar la situación

—tal vez cambios en la dieta o en nuestro modo de vida. El cuerpo responde a nuestra atención amorosa; parece que nuestras glándulas son las que más rápidamente responden.

Damos gracias por este maravilloso sistema de glándulas endocrinas. El orden divino las mantiene en perfecto funcionamiento.

Los tumores

Los tumores en cualquier parte del cuerpo nos atemorizan. A menudo nos es difícil hacer algo espiritualmente porque parecen permanentes; no son parte de nosotros, pero están ahí. Cuando queremos que la curación tenga lugar y deseamos librarnos de ellos, parecen montañas inconquistables; pero no lo son. Mucha gente ha encontrado que la Verdad disuelve los tumores tan fácilmente como termina los resfriados o alivia el dolor de las quemaduras.

Metafísicamente, los tumores indican ofensas, tristezas o desengaños acumulados. Necesitamos pasar un tiempo (no mucho) recordando: ¿qué es lo que del pasado hemos dejado crecer dentro de nosotros? ¿Hay algo que hemos olvidado perdonar? ¿Hay una tristeza que hemos abrazado tan profundamente que se ha convertido en parte de nosotros? ¿Existen algunos recuerdos que continúan creciendo y lastimando?

Cuando permitimos que la desgracia, el resentimiento y los desengaños permanezcan en nosotros, ellos crecen y al final nos causan problemas. Debemos eliminar estas causas rápidamente alentando el crecimiento de lo bueno. El único crecimiento que queremos o necesitamos es el espiritual; realmente, sólo queremos que la jovialidad, la comprensión, el amor, la inteligencia y la sabiduría crezcan. Cuando concentramos nuestro crecimiento en esas cualidades, las otras no reciben ningún estímulo o aliento de nuestra parte.

Una mujer tenía un tumor pequeño en el seno. Su médico aconsejó una cirugía inmediata. Ella no quería cirugía pues deseaba usar la Verdad que había estudiado. Su familia se preocupaba y estaba de acuerdo con el médico. Ella no resistió, dejó que hicieran planes; pero al mismo tiempo, continuó trabajando consigo misma y la Verdad —sabiendo que realmente era una hija de Dios, libre de cualquier defecto, libre de cualquier tumor, creciendo sólo espiritualmente. Trabajó metafísicamente, sabiendo que la curación era posible.

El tumor disminuyó en tamaño. El doctor lo admitió cuando ella fue a su examen antes de la cirugía, pero él y su familia la convencieron de tener la cirugía para "evitar cualquier riesgo". La curación fue rápida y no hubo reaparición.

En un incidente similar, el doctor y el paciente decidieron esperar un poco más para ver si la reducción del tumor era permanente. Y así fue. En ambos casos la curación física tuvo lugar cuando cada mujer curó los "tumores" emocionales. Cada una se dio cuenta de que tenía problemas emocionales de experiencias pasadas.

Otra mujer usó una afirmación sencilla: *"Espero un milagro, una curación milagrosa hoy"*. Ella recibió dos curaciones milagrosas —la del tumor en su cuerpo y la del sentimiento de haber sido una hija rechazada.

Un hombre tenía un tumor en la parte trasera de su cuello. Quería eliminar el tumor; era una molestia y de vez en cuando el barbero lo cortaba y no parecía sanar rápidamente. En sus estudios metafísicos había encontrado el término "cirugía espiritual". El pensó que eso sería la respuesta a su tumor. Le gustaron esas palabras. Oró pidiendo que la cirugía espiritual tuviera lugar para eliminar el tumor:

"Padre mío, elimina de mí no sólo este tumor que me ha molestado por tanto tiempo, sino también cualquier cosa en mí que necesite elimi-

nar. Estoy listo, elimino todos los resentimientos, temores y heridas antiguos. No los deseo. Quiero estar libre de todo lo que interfiera con mi progreso espiritual o que sea un perjuicio a mi bien físico".

Más tarde, una noche tuvo un sueño en el cual le estaban operando para sacar el tumor del cuello. El sueño estaba todavía muy vivo en su mente cuando despertó y se apresuró a verse en el espejo. El tumor había desaparecido. El no sabía cuál "tumor" emocional había eliminado de su subconsciente. No importaba, su cuello estaba liso nuevamente, con una leve señal que pronto desapareció. Estaba jubiloso.

Lo que esas personas hicieron, nosotros también podemos hacer. Podemos desear crecer en gracia y comprensión espiritual; podemos eliminar los "tumores" emocionales y esperar el milagro de la cirugía espiritual.

Los dolores de cabeza

Cuando nos duele la cabeza, no servimos para nada excepto para sufrir. No podemos pensar claramente. No queremos ser agradables. Nos sentimos muy desdichados. El dolor se interpone entre nosotros y el mundo que nos rodea. No podemos pensar en nada más. Después que hemos aliviado el dolor con el sueño o una píldora o una oración, nos preguntamos cuál ha sido su causa: ¿tensión, ansiedad, eliminación irregular, algo que comimos, preocupación?

Debemos obtener el alivio permanente para nuestros dolores de cabeza, no sólo por ahora. Empezamos a preguntar si las razones metafísicas y la Verdad pueden ayudarnos. Una de las causas puede ser una rienda suelta de emociones; otras son una conmoción emocional que interfiere con la digestión, el resentimiento, hábitos mentales negativos.

¿Hubo algo que nos perturbó tanto que sufrimos un colapso emocional? ¿Estamos tan tensos que "perdemos los estribos"? ¿Nos hemos sentido tan heridos que lloramos o quisiéramos llorar? Tal vez hemos sufrido, dando rienda suelta a nuestras emociones, y éste es el resultado, la reacción. ¡Tal vez éste es el momento de empezar a cambiar las circunstancias.

Mis emociones están equilibradas. No pierdo el control de ellas. Reacciono apacible y calmadamente. Sé que no tengo que perturbarme por nada. Sé que todo está bien, está solucionado, mantengo mi calma. El poder sanador de Dios cuida mi estado emocional ahora. Desaparece lo que causó este dolor de cabeza. Me entrego a Dios y El me cuida.

Mejoramos la situación al cuidar nuestro cuerpo de mejor manera, observando nuestras emociones. Al vigilar nuestros dolores de cabeza, al estar más conscientes de lo que pensamos, tenemos mejores oportunidades de saber qué "mosca nos ha picado", y lo evitamos.

Jacob era estudiante de derecho que sufría tremendos dolores de cabeza cada vez que tenía un examen, y aquellos duraban dos días. Al principio pensó que tal vez dentro de sí temía el examen, pero no era así. El dolor de cabeza se debía a su inquietud mental al tratar de prepararse para el examen. No sólo estaba confuso y preocupado mentalmente, sino que resentía el hecho de que había tanto material para repasar en tan poco tiempo. Se rebelaba. Finalmente Jacob decidió que con la ayuda de Dios podía unirse a Su mente y saber lo que debía estudiar y cómo hacerlo:

"Soy uno con la Mente divina. Sé qué estudiar y cómo estudiar. Entiendo, recuerdo, pienso claramente. Me expreso bien durante el examen. Mi ayuda proviene de Dios".

Límites de tiempo, los cierres de una venta, las entrevistas, si no nos cuidamos, pueden perturbar nuestras emociones y causar dolores de cabeza. Lo maravilloso de la curación espiritual es que sana al mismo tiempo tanto la causa como el efecto.

Tomo los sucesos diarios calmadamente. Hago lo que debo hacer sin perturbarme. No malgasto mi poder emocional. Uso mis sentimientos sólo para el bien. Ya no pierdo mi fortaleza física en reacciones emocionales innecesarias. Mi cabeza está libre de todo dolor y malestar. Mis dolores de cabeza desaparecen ahora, ¡alabado sea Dios!

La sordera

Puede ser peligroso el no poder oír con claridad. Surgen los malos entendidos cuando no oímos exactamente lo que otra gente nos dice. Se nos escapan muchas palabras y no queremos que se nos escape nada bueno. Por lo tanto empezamos a pensar en la audición desde el punto de vista espiritual.

Comprobamos lo que oímos, lo que escuchamos. ¿Escuchamos para oír a Dios hablar a través de las personas, a través de la naturaleza? ¿Escuchamos a Dios hablar cuando recibimos instrucciones para hacer algo?

Un hombre había estado "medio sordo" desde hacía mucho tiempo. Usaba un audífono que le ayudaba, pero quería la libertad de no tener que usarlo. También quería asegurarse de que oía todo lo que debía oír. Pensó en el toque sanador de Jesucristo, Sus palabras sanadoras. Pensó en su propia espiritualidad, hecho a imagen y semejanza de Dios. Como un hijo de Dios, sabía que debía tener todos los atributos del Padre, y oír perfectamente.

Esa fue una idea muy buena para él. Algo le incitaba a hacer algo para empezar el proceso sanador. Había en él un creciente sentimiento de que volvería a oír. Eso era muy emocionante.

Continuó pensando en eso y trató de escuchar a Dios en todas partes. Escuchaba a Dios a través de otros y encontró que entendía y que le gustaba la gente mucho más. Escuchaba los pájaros y aprendió más sobre ellos. Parecía que incluso podía escuchar lo que las flores decían, el soplo del aire, el movimiento de las ramas y hojas de los árboles. Cuando le pedían que hiciera algo, él decía silenciosamente: *"Dios me pide. Dios me habla. Le oigo. Le oigo en todo ahora"*.

Continuó animado aunque no tenía prisa. El tiempo no parecía tener importancia. Parecía que la curación ya había tenido lugar, por lo tanto, ¿para qué tener prisa? Realmente había estado oyendo sonidos que no había oído antes. Entonces algo sucedió.

Al principio él estaba un poco contrariado. Escuchaba tantos sonidos fuertes. Pensó que había aumentado el volumen de su audífono muy alto. Entonces se acordó de que no estaba usando su audífono. Las baterías se habían gastado y tenía que comprar nuevas. *¡El oía!* Cayó de rodillas para agradecer a Dios. Aunque nunca había dudado de que sus oraciones serían escuchadas, fue arrollador para él cuando pudo oír totalmente.

Otro hombre sufrió una lesión y le dijeron que su audición había sido perjudicada permanentemente. Rehusó aceptar ese veredicto. Usó las siguientes afirmaciones al prepararse para su curación espiritual: *"No hay nada demasiado difícil que Dios no pueda reparar. El me sana ahora, restableciendo mi audición, haciendo que yo oiga perfectamente ahora. Oigo perfectamente ahora. La curación ha empezado a tener lugar. Bendigo y le doy gracias a Dios por Su trabajo de curación en mi cuerpo".*

Persistió con sus oraciones, rehusando pensar que nada, excepto curación, tendría lugar. Su fe en la curación espiritual nunca falló. Recobró su audición.

El corazón

La publicidad y las estadísticas nos mantienen conscientes de que debemos cuidar nuestro corazón física y emocionalmente —pero el cuidado espiritual es el cuidado fundamental que debemos darle a nuestro maravilloso corazón. Sabemos que el esfuerzo físico y el exceso de trabajo pueden causar daños a nuestro corazón, lo mismo que las emociones. Cuando nos emocionamos o nos llenamos de ira, los latidos del corazón se aceleran. Sucede lo mismo si tenemos miedo o estamos muy felices. A veces olvidamos que nuestro corazón es un músculo y necesita ejercicio. Hay muchas maneras de ayudar nuestro corazón para que haga su trabajo vital.

Podemos apreciar más nuestro corazón, alabarlo, estar orgullosos de tener este mecanismo tan maravilloso dentro de nosotros. Oímos sus latidos y sabemos que han sido planificados maravillosamente para palpitar constantemente, con un latido, un descanso, y después otro latido. Esto puede regular nuestra actividad. Trabajamos o hacemos ejercicios; descansamos; trabajamos o hacemos ejercicios. Los latidos de nuestro corazón tienen un ritmo y nos mantiene en armonía con el ritmo del universo.

Una mujer que tenía el ritmo de su corazón acelerado peligrosamente con las consiguientes complicaciones, se dio cuenta de que su corazón respondía a la siguiente verdad que usaba como base para sus afirmaciones: *"Estoy en armonía con el universo. Mi corazón palpita en perfecto ritmo con el ritmo del mundo. Palpita firme, continua, suave, maravillosa, perfecta y alegremente, Mi corazón está lleno de amor, y el amor regula mi corazón, lo sana, lo repara. Dios y el amor están en mi corazón. Mi corazón expresa salud, amor y vida. ¡Gracias, Dios mío!"*

Otra mujer que sufría de hidropesía, se dio cuenta de que afirmaciones similares aliviaban la acumulación de líquido en las piernas y abdomen y restablecían la salud de su corazón: *"Hay un perfecto fluir de líquidos en mi cuerpo; no existen interrupciones o interferencias con ninguna función. Mi corazón es perfecto; expresa sólo las condiciones saludables. Escucho alegremente su rítmico, firme y continuo palpitar, y me alegro. El amor y orden divinos están en control de todas las funciones de mi cuerpo y sano perfectamente".*

Ambas mujeres tuvieron presente la curación —no la condición en la que se encontraban entonces. No existía el temor o la preocupación, sólo existía la certeza de que la curación tenía lugar.

Otra mujer a la que le encantaba bailar usaba un compás musical con una afirmación para curar su corazón: *Paz, paz, paz. Salud, salud, salud. Firme, firme, firme. Orden, orden,*

orden. Amor, amor, amor y paz, paz, paz". Cuando caminaba regulaba sus pasos, usando las mismas palabras y el mismo ritmo.

Un hombre con un corazón agrandado sabía que su corazón sólo estaba lleno de amor, era del tamaño perfecto y sus funciones eran perfectas, como debían ser.

Mi corazón está lleno de amor y palpita con amor. Mi corazón envía amor por todo mi cuerpo y se sana con amor. Mi corazón se perfecciona en el amor.

Es bueno trabajar con amor. A veces parece que los corazones tienen problemas porque sufren por la falta de amor. Esto puede ser la falta de amor de cierta persona, o simplemente una carencia de amor. Puede ser (ya se reconozca así al principio o no) una falta de conciencia del amor de Dios. Es difícil para la mayoría de nosotros comprender el amor de Dios. Pensamos: "¿Quiénes somos nosotros para merecer el amor de Dios?" Y es difícil aceptar el hecho de que El nos ama con amor eterno. Pero a menudo los corazones se mejoran cuando sus dueños empiezan a sentir el amor de Dios.

Una joven que había tenido una adolescencia muy infeliz encontró que cada vez que decía: *"Dios me ama. Dios me ama,"* se sentía mejor. Otra joven recibió curación simplemente pensando en Jesucristo y todo el amor que El expresó. Lo sentía muy próximo a ella y su curación fue posible cuando buscó pruebas de Su expresión de amor. Al estudiar Su vida y trabajo, ella comenzó a sentir un amor maravilloso dentro de sí que cambió su vida.

Se sintió diferente hacia todos y a todo en su vida. Existía nueva vida y vitalidad en cada parte de su cuerpo, incluyendo el corazón, el cual se normalizó. Ella usa todavía las afirmaciones que llegaron a su mente cuando pensaba en Jesús y Su amor:

"El amor de Jesucristo está en mi ahora. Lo siento, lo expreso. Me sana y me hace fuerte".

Las infecciones

A veces la cortadura más pequeña se puede infectar. A menudo las lesiones no sanan correctamente debido a infección. A veces nos enfermamos debido a infecciones. ¿Qué hacemos para curar una infección espiritual?

Una mujer con una mano muy infectada lo hizo de esta manera: *"No soy susceptible a ninguna infección excepto la infección espiritual. Deseo ser infectada espiritualmente. Quiero ser infectada con amor, sabiduría, inteligencia, vida, fortaleza. No hay infección excepto la infección espiritual. Agradezco que esto sea así".*

Su mano se curó durante la noche.

Otra persona visualizó la luz sanadora blanca de Cristo en la parte de su cuerpo que estaba infectada. Hizo un juego para ver la luz blanca en lugar de la piel roja, hinchada e inflamada. A medida que observaba y pensaba en la luz blanca, ésta parecía extenderse por todo su cuerpo. Podemos entrenar nuestros ojos internos para que vean el proceso de curación tan fácilmente como ven las condiciones físicas. Mientras observaba repetía:

"La luz sanadora blanca de Cristo elimina la infección. A medida que toca, cura. Deja su curación perfecta dondequiera que esté, y fluye a través de todo mi cuerpo ahora. Gracias, Dios mío, por esta poderosa luz sanadora. Esta es la luz de Jesucristo".

En pocas horas la hinchazón bajó y en poco tiempo todas las indicaciones de infección también desaparecieron.

La infección nos puede atemorizar; debemos asegurarnos que tememos menos la infección y que estamos más seguros de su curación. Debemos estar seguros de que no juzgamos por las apariencias. Es comprensible alarmarnos y preocuparnos por las apariencias de la piel, pero podemos llegar al punto donde éstas no nos causen molestias en absoluto. Sólo sabemos que aquí existe una oportunidad para dejar que el poder sanador de Dios trabaje nuevamente en nosotros. Nos ayuda declarar:

Ninguna apariencia física me perturba. Más allá de las apariencias veo perfecta curación. Esta infección no tiene poder. Dios tiene poder sobre mí y en mí, el único poder en mí y para mí. Su poder sanador sana esta apariencia y esta enfermedad ahora. Ayudo en el proceso sanador al no estar perturbada. No tengo nada que temer, no hay nada que me perturba. Dios está a cargo de todo. La curación tiene lugar ahora. ¡Alabado sea Dios!

Un hombre siempre sentía el cálido amor de Cristo. Cuando hubo necesidad de curación para una infección en su pie se concentró en este sentimiento de amor hacia su pie: *"La calidez del amor de Jesucristo sana mi pie ahora. Hay sólo alivio y tranquilidad ahora".*

Dijo que casi podía sentir el calor eliminar la infección. Quedó aliviado en unos minutos y la infección disminuyó más y más hasta que desapareció.

El insomnio

No es la noche de insomnio la que de vez en cuando nos preocupa seriamente; con una buena noche de sueño la próxima noche, quedamos como nuevos. Lo que necesita nuestro pensamiento sanador es el no dormir noche tras noche.

El insomnio rompe el ritmo de estar despiertos y dormidos, y es muy perjudicial para nuestro cuerpo. Mientras dormimos el trabajo de reparación del cuerpo funciona dos veces más rápido que cuando estamos despiertos. Necesitamos que toda noche sea de descanso. ¡Podemos hacerlo si no nos preocupamos por no dormir!

Los minutos u horas sin sueño son oportunidades magníficas para hacer nuestras oraciones y estudios metafísicos. Es más fácil meditar en medio de la tranquilidad de un hogar donde todos duermen; hay menos interrupciones externas. Es también nuestra oportunidad para leer, estudiar y, sobre todo, orar por otras personas. Si aprovechamos nuestras noches de insomnio de esta manera, lograremos algo provechoso; si nos agitamos en la cama y nos preocupamos porque no podemos dormir, simplemente nos cansamos más. La oración y meditación pueden ayudarnos a volver al ritmo del sueño. Las horas de insomnio pueden ser horas de mucha utilidad cuando las llenamos con oraciones y estudios metafísicos.

Un hombre tuvo la idea de que no le importaría si dormía o no. Tenía un negocio que crecía y tenía que tomar muchas decisiones. Por más de un mes durmió muy poco. A medida que aumentaba su fatiga, también aumentaba su tensión, al fin del mes apenas podía dormir. Tenía doble preocupación. Necesitaba toda su fortaleza y toda su capacidad mental. Necesitaba una mente clara y descansada para poder aprovechar todas las oportunidades que se le presentaban. Las decisiones que tenía que tomar eran importantes porque tendría que vivir con ellas por mucho tiempo.

Pensaba que sólo con una noche de sueño todo sería diferente. Una noche de sueño rompería la cadena de noches sin dormir. Mientras oraba tuvo la impresión de que no importaba si se dormía o quedaba despierto. "Bueno, Dios mío —dijo— tal vez no necesito dormir. Acepto Tu palabra. Dejo de preocuparme. Tú estás a cargo de esto. Tú me das el sueño que crees que necesito. Me entrego a Tus manos y sé que todo estará bien".

Al eliminar la preocupación sobre su insomnio, alivió también la tensión y, casi antes de pensar en las palabras de su oración de aceptación, se quedó profundamente dormido. Todavía se entrega a las manos del Padre todas las noches, porque el sueño que recibió esa noche fue el más restaurador que había tenido en toda su vida.

Una mujer volvió al ritmo del sueño al dormirse cuando tenía sueño, sin importar que hora del día fuera o lo que estuviera haciendo. Simplemente decía: "Gracias, Padre mío", y se quedaba dormida en cualquier cama o sillón. Al principio ni siquiera se quitaba los zapatos. No todos podemos dormirnos a cualquier hora del día debido a nuestros trabajos y responsabilidades, pero podemos decir "Gracias, Padre mío" cada noche cuando nos acostamos dispuestos a dormirnos.

Por primera vez en su vida una mujer vivió sola. Estaba bien durante el día pero en la noche se atemorizaba. Todo parecía diferente en la noche, incluso con las luces encendidas. Tenía miedo de dormir, trataba de leer pero cada ruido la sobresaltaba. Pensó en buscar a alguien que viviera con ella, pero realmente no quería hacer eso. Sobre todo no quería tener miedo, deseaba acostarse y dormirse toda la noche.

Oró por una respuesta para saber qué era lo que podría traerle un sueño sin temores. Recibió la contestación tan claramente como si Alguien le hubiera hablado en voz alta: "*Nunca estás sola. Estoy contigo ahora y siempre. Te cuido siempre. Puedes dormirte sabiendo que te cuido cada minuto, cada noche. No hay nada que temer. Yo estoy aquí".*

Se había olvidado (como lo hacemos todos algunas veces) que Dios está "más cerca que el aliento y más cerca que las manos". Sus temores desaparecieron. Sus noches de insomnio terminaron.

Los pulmones y la respiración

Hoy en día estamos más conscientes que nunca de nuestros pulmones, debido a lo que se comenta sobre los peligros del cigarillo, del aire contaminado y del cáncer. Pensamos y leemos sobre las enfermedades respiratorias; sabemos lo que es el enfisema (hace unos años, algunos de nosotros ni siquiera habíamos oído hablar de él). Siempre hemos sabido sobre lo vital de la respiración para mantener la buena salud y hemos conocido el aliento de vida. No siempre hemos unido las dos ideas. Ahora estamos empezando a hacerlo.

La salud del cuerpo depende de la continua inhalación de aire. El cuerpo puede sobrevivir sin comida por muchos días y sin agua por un tiempo más corto, pero tiene que tener aire en todo momento. Y antes de que podamos vivir realmente, debemos entender que podemos inhalar vida. Esto es lo que algunos llaman el *prana*, otros *maná*, y otros el poder curativo de Dios que restablece, revitaliza y fortalece. Debemos darnos cuenta de este aliento de vida antes de que podamos usarlo para un beneficio máximo. Cuando respiramos conscientemente Vida, *prana, maná,* obtenemos un beneficio máximo. Encontramos que sana, relaja, fortalece, purifica. Nos ayuda en nuestras oraciones y meditaciones.

Al comenzar nuestras oraciones, necesitamos inhalar este aliento vital, suave y profundamente. Si estamos perturbados o con la mente muy activa podemos calmarnos al respirar suavemente, teniendo presente que la inhalación del aire trae vida y la exhalación del mismo no sólo elimina las impurezas del cuerpo, sino todo lo que nos disturba. Al respirar profundamente y llenar nuestros pulmones con aire a toda capacidad, nos volvemos más saludables, felices e incluso más agradables. Nuestra disposición mejora con los buenos hábitos de respiración.

Una señora que había estado respirando sólo levemente, descubrió las siguientes afirmaciones que le ayudaron a recordarse de respirar más profundamente y (lo que era vitalmente importante) de que ella inhalaba el aliento de Dios, el aire de Vida, de restauración y restablecimiento. Decía mentalmente: *"Inhalo a Dios, inhalo lo bueno. Exhalo todo lo que ya no necesito, lo que ya no es bueno retener"*. Esto la ayudó a respirar profunda, suave y rítmicamente.

Un hombre usó una técnica similar. Cuando estaba muy cansado, respiraba suave y profundamente diciéndose a sí mismo cuando inhalaba: *"Inhalo tranquilidad, restauración, vitalidad, energía"*, cuando exhalaba decía: *"Exhalo fatiga y todo cansancio"*. Cuando estaba enojado, exhalaba sus sentimientos negativos e inhalaba paz. Si estaba temeroso, inhalaba valor, fe, seguridad y exhalaba el temor. Siempre le daba buenos resultados.

Cuando respiramos, podemos enviar el aliento curativo de vida a través de todo nuestro cuerpo, de todo nuestro sistema respiratorio, a cualquier parte que esté enferma o con dolor. Una señora dirigía su aliento curativo hacia su mano con quemaduras y la curación fue milagrosamente rápida. Un hombre que no había podido sobreponerse al hábito de fumar usó el aliento curativo para limpiarse de todo deseo de fumar y para limpiar su cuerpo de todos los residuos que fueron el producto de muchos años de haber fumado.

Otro individuo encontró que irse afuera o a otra habitación e inhalar y exhalar profundamente le ayudaba durante períodos dificultosos en su empleo, cuando el deseo de fumar lo sobrecogía.

Un hombre con enfisema leyó acerca de un médico que ayudaba a la gente con enfermedades respiratorias enseñándoles a respirar profundamente. Decidió tratarlo. Se sentía muy desdichado desde que había dejado de fumar. Cuando empezó a inhalar y exhalar conjuntamente con ejercicios para la flexibilidad del cuerpo, se sobrepuso al deseo profundo de fumar. También fue curado de enfisema. Con cada inhalación respiraba curación, nueva vida, reabastecimiento de vitalidad y energía. Exhalaba todos los pensamientos de debilidad y enfermedad.

Inhalamos vida, inhalamos el poder curativo de Dios, inhalamos nueva vida, nueva energía. Exhalamos todo lo que no es de Dios en nuestra vida, nuestro cuerpo y nuestra experiencia. Somos sanados ahora y nos mantenemos sanos, perfectos y saludables.

Las deformaciones

Con Dios nada es imposible. "Sí puedes creer, al que cree todo le es posible." *Todas las cosas,* no sólo algunas, son posibles. Debemos recordar esto en todo trabajo de curación que hagamos; debemos recordarlo constantemente cuando tratamos de curar una deformación. Se necesita creer verdaderamente cuando existe una parte del cuerpo deformada. Es una de las condiciones más difíciles para nosotros porque es muy difícil apartar la vista de las apariencias y visualizar una formación perfecta. Cuando podemos, cuando realmente creemos, los milagros pueden ocurrir.

Un adolescente tenía una pierna que siempre había estado torcida. Cuando tuvo la idea de la posibilidad de una curación, nunca dudó en su creencia: *"Mi pierna puede curarse por medio del poder de Dios sobre ella. La veo perfecta y derecha como debe ser. Se endereza sin demora. Gracias, Dios, por esta curación"*.

Se forzó en caminar más rápido y más lejos. Hizo ejercicios para su tobillo, se estiraba, se doblaba, trotaba, corría. En todo momento estaba agradecido a Dios por su curación. La pierna se enderezó de manera que podía usarla mucho mejor que antes.

Una joven se lastimó el codo cuando tenía doce años. No le habían dicho que hiciera ejercicios con su codo después que le quitaron el yeso. Ella aceptó la condición de su codo, el cual era más grande que el otro. Después aceptó la idea de que con la ayuda de Dios todas las cosas son posibles y oró por guía y curación. Le vinieron varias ideas. Empezó a ejercitar su codo, aunque estaba tan rígido que apenas podía moverlo. Frotaba su codo y brazo con aceite caliente antes y después de hacer ejercicios. En todo momento miraba su "otro" codo y trataba de imaginar que el codo lastimado se movía con libertad.

No fue fácil. A veces tenía que decir en voz alta: "*Creo. Creo. Creo que este codo cambiará*". La mejoría vino gradualmente, pero llegó. Su cuerpo respondió como el cuerpo siempre responde cuando se le da esperanza, atención, amor y alabanza.

Cuando notamos una mejoría, apresuramos la curación. Nuestra alabanza invoca la curación, la cual llega más rápidamente. También nos ayuda a mirar la curación más confiadamente y a disolver la deformidad. Se necesita perseverancia para borrar de nuestra mente la imagen de la condición. A menudo debemos dejar de pensar en el tiempo.

El tiempo no significaba nada para Jesucristo en su ministerio de curación. Tratamos de seguirlo a El en todo y así debemos hacerlo en este caso. No le damos al tiempo ningún poder en nuestra vida cuando la curación es necesaria. No creemos que una condición sea más difícil que otra para su curación, aunque haya permanecido con nosotros por más tiempo. Cambiamos nuestra manera de pensar visualizando curación y esperando que llegue.

Una señora tenía las articulaciones de tres dedos hinchadas y rígidas. Usó esta afirmación y su curación llegó: *"Toda rigidez, dolor y malestar abren paso al espíritu curativo de Tu amor, querido Padre. Mis dedos están tan perfectos como Tú los has hecho. Gracias, Dios"*.

Un hombre tenía tieso un dedo del pie; le dolía cuando tocaba el extremo de su zapato, su pensamiento sanador fue: *"El amor divino transforma todo mi cuerpo, incluyendo mi dedo del pie. Ya no está rígido y no me duele. Mi cuerpo es perfecto y sano. Alabo y doy gracias a Dios por su poder curativo que trabaja en mi cuerpo ahora"*.

La salud mental

Todos deseamos ser perfectos —física, mental y emocionalmente. Si vamos a tener salud completa entonces cada parte de nosotros debe estar saludable. Nuestra estabilidad mental puede trastornarse por las enfermedades emocionales o físicas. Los traumas y el estrés físico o emocional nos pueden causar enfermedades mentales. Los trastornos mentales pueden causarnos enfermedades físicas. Cualquiera de éstos puede afectarnos en diferentes grados. Si nuestra enfermedad mental es leve o severa, se manifiesta siempre por medio de las reacciones ante la vida, con una conducta exagerada — inapropiada para la situación o no aceptable como normal. Sin importar el tipo de enfermedad mental o su intensidad, la salud mental es posible. Así como en la enfermedad física, el período de tiempo que la condición haya existido no es importante para que ella se sane. La salud mental es posible en todo momento.

Sabemos que Jesucristo curaba las enfermedades mentales. Sabemos que Pablo nos dijo que nos volviéramos mentalmente sanos: "Transformaos por medio de la renovación de vuestro entendimiento". *La renovación de la mente es la esperanza para la curación de la enfermedad mental.* La renovación de la mente hace que la perfección sea posible, incluso cuando, debido a las apariencias, ella parezca imposible.

Un hombre había sufrido una depresión mental seria y se le había sometido a electroterapia. Le habían dicho a su familia que "no sería mucho más que un vegetal"; y de este modo, no sería un problema peligroso para sí mismo o para ellos. Se veía horrible, él lo sabía y no quería que nadie lo viera así. Cuando venían visitas, se alejaba o se sentaba lejos en una esquina de la habitación. De vez en cuando leía su Biblia. Un día sus ojos encontraron las palabras de Pablo.

Aparte de la electroterapia, esas palabras fueron lo único que le impresionó. Como explicó más tarde, aquellas palabras eran como una lucecita pequeña en una noche muy obscura. Cuando no hay luz alguna, una brillantez pequeña puede ser muy grande. Esta luz era lo suficientemente brillante para hacer que él comenzara a orar por primera vez desde que había sufrido la depresión. Su primera oración fue: *"Renueva mi mente"*. Después, pidió: *"Transforma mi cuerpo; transforma mi mente"*. Luego pidió por la renovación de su cuerpo. Gradualmente, ocurrió una transformación, la renovación de su mente y cuerpo.

Los efectos de la electroterapia desaparecieron; su cuerpo era saludable. No se veía ni actuaba como antes, ciertamente no pensaba como antes. Obtuvo salud mental. Así como la obtuvo una joven que estaba tan deprimida después del nacimiento de un hijo, que intentó suicidarse tres veces.

Un familiar fue el instrumento para su curación. El nunca aceptó que su depresión fuese algo más que una condición pasajera. Nunca pensó o dijo que no había esperanzas para ella. Con frecuencia la curación mental comienza con una persona que se interesa por otra. El sanador nunca pierde la imagen de la persona perfecta. El siempre sabe que la curación tiene lugar y que vendrá. Nunca se desanima, no le importa el tiempo que tarde la curación.

Su fortaleza y fe pueden ser la primera fuerza para el paciente. A menudo los enfermos mentales necesitan la seguridad de que alguien los quiere suficientemente para creer en la posibilidad de su curación. Los médicos y psiquiatras también saben esto; si sus pacientes están conscientes de un interés verdadero y de la seguridad de la posibilidad de recuperación, la curación es más rápida y permanente.

Cuando Pablo escribió a los Corintios, les dijo: "Tenemos la mente de Cristo". Estas palabras fueron una oración constante para una madre cuyo niño tenía una enfermedad mental seria. Una y otra vez ella repetía esas palabras.

Al principio sus sentimientos eran tan intensos que no podía pensar en un cambio para su hijo. Pero estas palabras curaron sus pensamientos. Si él tenía la mente de Jesucristo, ciertamente podía sanarse, podía ser perfecto y normal nuevamente. Ella pensó que si esto era posible no se necesitaban meses y años de terapia y tratamiento. Las palabras permanecieron con ella día y noche. Cuando se dormía la consolaban; cuando se despertaba le daban fortaleza para el día.

Pronto tuvo el valor de usarlas para él: *"Tú tienes la mente de Cristo"*. Cada vez que pensaba en el Cristo Lo veía envuelto en una luz brillante y resplandeciente con salud, fortaleza y belleza. Pronto empezó a ver a su hijo de la misma manera. Un día le habló sobre esto. El la miró por mucho tiempo y después le dijo tranquilamente: "Si tengo la luz del Cristo y la mente de Cristo, no estoy enfermo en absoluto".

Después pudieron afirmar juntos: *"Tengo la mente de Cristo. Estoy rodeado de la luz blanca del Cristo y estoy completamente sano"*.

Nosotros también tenemos la mente de Cristo. Ella nos sana, guía, protege e instruye. Hay curación en esas palabras.

Los músculos

¡Qué complejidad de músculos somos! A menudo sólo estamos conscientes de los músculos más grandes. Es difícil comprender que hay, por ejemplo, seiscientos veinte músculos voluntarios, más todos los involuntarios. Su maravillosa coordinación es una lección para nosotros: ningún músculo trabaja por sí sólo.

A pesar del hecho de que cada músculo está contraído parcialmente todo el tiempo, la tensión constante causa dolor y previene que las impurezas sean eliminadas continuamente, lo cual es necesario para mantener la salud de los músculos. Estos responden a la estimulación de los nervios, trabajan en conjunto. Es de esta cooperación magnífica de donde provienen nuestra energía y fortaleza.

Tal vez la razón de tener tantos músculos es para poder mantener fortaleza ilimitada en cada parte de nuestros cuerpos La fortaleza siempre ha sido reconocida como vital. A menudo en la Biblia la fortaleza se identifica con el Señor, se asocia con Sus atributos tales como amor, sabiduría, bondad, "Jehová es mi fortaleza y mi escudo"; "Dios es nuestro amparo y fortaleza"; "Jehová es mi fortaleza y mi cántico". Hay muchas indicaciones que nos recuerdan de dónde proviene nuestra fortaleza y adónde podemos dirigirnos para recobrarla.

Cuando sabemos y recordamos esto, eliminamos la causa principal del dolor muscular: la tensión. El temor a la falta de fortaleza añade a la tensión de los músculos. Cuando recordamos que existe una fuente ilimitada de fortaleza que proviene de Dios, no tenemos que ponernos tensos. Nosotros somos los que determinamos realmente cuánto de la vida y fortaleza de Dios usamos. Determinamos si ayudamos o no a los músculos acudiendo a las reservas del poder de Dios, a las cuales tenemos acceso por medio de nuestros pensamientos y palabras.

Un hombre cuya preocupación le causó rigidez en los músculos de su hombro encontró curación sólo después de eliminar la carga de sus pensamientos. Se dio cuenta de que la fortaleza que necesitaba para hacer lo que debía hacer era la fortaleza de Dios. Oró de la siguiente manera: *"No tengo que cargar esto yo solo. Tú me ayudarás. Puedo estar tranquilo y dejar ir. Mi fortaleza está en el Señor, no en mi cuerpo físico"*. Los músculos del hombro se relajaron, dejó de preocuparse. Sintió que podía hacer mucho más que antes.

Una mujer tenía un dolor intenso en los músculos y tomaba calmantes muy fuertes para relajarlos y aliviar su dolor. Quería librarse de la necesidad de tomar medicinas. Cuando pensó en que su fortaleza era ilimitada porque ella podía invocar la fortaleza de Dios, afirmó:

"Los músculos de mi cuerpo se sanan a medi-

da que les doy descanso y dejo que la fortaleza de Dios llene cada uno de ellos con nueva vitalidad. La fortaleza del Señor fluye a través de cada músculo grande y pequeño de mi cuerpo. Todos responden con salud. Mi dolor y tensión desaparecen. Me muevo libremente".

Su elasticidad muscular regresó y pudo hacer lo que deseaba.

Estamos libres de ataduras. La fortaleza de Dios está en nosotros ahora y siempre.

Los nervios

No tenemos un sistema de comunicación en nuestro cuerpo sino tres: el sistema central, que controla todo lo que conscientemente hacemos o sentimos; el sistema autónomo que controla los movimientos involuntarios (la respiración y otras funciones automáticas del cuerpo); y el sistema periférico que conecta las extremidades con el sistema central. Pensamos con todo nuestro cuerpo. Percibimos con todo nuestro cuerpo. Sentimos con todo nuestro cuerpo. Esto explica por qué sentimos dolor y por qué todas nuestras acciones se afectan cuando estamos enfermos de los nervios.

Son los nervios los que se afectan cuando estamos ansiosos, perturbados, o perdemos nuestro control y compostura. Son ellos los que se afectan cuando estamos tensos.

Un hombre que había tenido pérdidas en su negocio empezó a sufrir de neuralgia. Parecía existir dolor en cada nervio de su cuerpo. La inflamación de los nervios (neuritis) aumentó su malestar. Tratando de aliviar el dolor, no usaba sus brazos, los cuales se pusieron delgados y rígidos.

A veces le parecía que el dolor recorría todo su cuerpo. Trataba de no pensar en él ni en la dificultad de movimiento leyendo la Biblia. Su curación comenzó cuando leyó con un entendimiento claro el Salmo 107, versos 28-30:

"Entonces claman a Jehová en su angustia y los libra de sus aflicciones. Cambia la tempestad en sosiego, y se apaciguan sus ondas. Luego se alegran, porque se apaciguaron; y así los guía al puerto que deseaban".

Estos versos contaban su historia: El imploraba al Señor en medio de su dolor. Aunque no sabía cómo, creía que el Señor podía librarlo de la aflicción tan real que sentía. Deseaba que el Señor calmara sus nervios; estaba listo para alegrarse porque sus nervios se apaciguaban. Realmente quería llegar a un santuario de salud y curación.

Continuó pensando que su cuerpo era una tormenta. Imaginó que la calma venía. Dentro de pocas horas sintió alivio, aunque verdaderamente no lo esperaba. Sintió un alivio más grande que con el sedante que le habían dado. Al poco tiempo estaba completamente libre del dolor de los nervios y la tensión.

Otro hombre sintió curación con las siguientes afirmaciones: *"La paz os dejo, mi paz os doy"*. Se imaginaba a Cristo diciéndo esto a él y a cada nervio de su cuerpo. Pronto sintió que sus nervios respondían al mandato de estar en paz. La relajación fue completa cuando durmió por primera vez sin tomar medicinas. Su curación completa y perfecta llegó sin ninguna demora.

Podemos visualizar la curación de muchas formas cuando necesitamos la curación de nuestros nervios. La oración con sentimiento es más efectiva que la oración sin sentimiento. El añadir visualización a la oración aumenta el sentimiento y la potencia de nuestras oraciones. La visualización nos ayuda a sentir, saber, y a dar gracias por la curación aun antes de que se manifieste en el cuerpo.

La paz de Jesucristo se derrama en mí y me sana de toda tensión y dolor. Mis nervios están tranquilos y receptivos a Su paz curativa.

El dolor

Cuando sentimos dolor es difícil sentir agradecimiento por el mismo. Pero deberíamos sentirlo, pues el dolor es una señal de que algo en nuestro cuerpo necesita atención y curación.

Cuando bendecimos el dolor, eliminamos lo peor del mismo. Las bendiciones siempre cambian todo; puede ser así cuando bendecimos el dolor. A menudo éste cesa completamente, así sucede con muchas personas. A veces el bendecir nos da ideas para curar apropiadamente lo que nos causa dolor. A veces la bendición nos relaja —y el dolor depende de la tensión. Cuando bendecimos, comenzamos a poner el dolor a la defensiva. A veces el dolor es sólo una señal y el bendecirlo nos ayuda a entender esta señal.

Puede ser simplemente una señal para que nos detengamos y estemos tranquilos, para dar a nuestro cuerpo la oportunidad de ponerse al nivel de todo lo que queremos hacer.

Un hombre tenía dolores profundos y agudos alrededor de los ojos. Estaba seguro de que su vista estaba bien. No pensó que forzaba los ojos demasiado excepto (y este pensamiento llegó a él a medida que bendecía el dolor) que *había* sentido la presión de supervisar a un grupo de hombres en su empleo.

"Dios" —dijo— "¿me estás tratando de decir

que me detenga, que esté tranquilo? ¿Es este dolor una señal?" Siguió asumiendo esto. Se quedó en cama un día en su habitación obscurecida. Trató de no pensar excepto para bendecir el dolor, sus ojos y todo en su vida. Durmió. Cuando se despertó, el dolor ya no era tan agudo. Durmió nuevamente. Cuando se despertó, esta vez el dolor había desaparecido. Se levantó y fue a caminar una distancia larga, algo que no había hecho en muchos meses. Cuando volvió a casa, sabía que estaba libre de muchas presiones.

Una mujer estaba adolorida después de una operación. Ella también bendijo el dolor y su cuerpo. Se dio cuenta de que el cuerpo no aprueba la cirugía; sabía que muchos músculos y nervios así como los tejidos y vasos sanguíneos habían sido cortados. Todo en su cuerpo trabajaba sobretiempo para sanarla. Pasó la mayor parte del día agradeciendo las maravillas de su cuerpo, diciéndole que comprendía por qué se quejaba, bendiciéndole por su trabajo curativo. Esa noche durmió sin sedantes; el dolor había desaparecido. Su curación progresó rápidamente.

Bendigo este dolor. Es una advertencia para que me detenga. Me relajo. Espero y escucho ideas. Hago lo que puedo para que mi cuerpo esté cómodo, mi mente tranquila y el dolor desaparezca. ¡Gracias, Dios!

La parálisis

Siempre nos asustamos cuando no podemos movernos libremente. No queremos que nuestro cuerpo sea incapaz de moverse como queremos o necesitamos. Si tenemos el problema de la constricción de movimiento o parálisis, primero debemos eliminar nuestro temor. (También debemos hacer esto si tratamos de ayudar a alguien que enfrenta este desafío). Nosotros mismos hemos de insistir en que la libertad de movimiento es posible, que nuestro verdadero ser puede moverse ahora como debe, y entonces estaremos preparados para liberarnos. En nuestra mente ya no tememos, ya no pensamos en términos de parálisis, nos preparamos para la curación.

Una mujer se despertó a la medianoche sintiéndose "rara". Estaba muy soñolienta y dijo: *"Dios mío, Tú me cuidas ahora"*, y se volvió a dormir. Tuvo sueños extraños. En cada sueño estaba atada con una soga sin poder moverse; en cada sueño estaba en un lugar diferente y con diferentes personas.

En la mañana se despertó echada sobre su lado derecho y no podía mover el brazo o la pierna. Se sonrió al principio, pensando que todavía estaba soñando. Después pensó: "Tal vez los sueños tratan de decirme algo". Entonces se asustó.

Fuertemente se dijo a sí misma: "Anoche pediste a Dios que te cuidara. ¿Piensas ahora que El no puede hacerlo? No tienes por qué asustarte. Dios te ha protegido varias veces. El te cuidará de esto, no importa lo que sea".

Sus temores pasaron. Nuevamente ella se volvió a dormir pensando: *"Dios mío, cuídame ahora"*.

Todavía no podía moverse cuando se despertó, pero no temía. Primero recordó a Dios, no su temor. Cuidadosamente se dio vuelta con sus músculos del lado izquierdo. Finalmente pudo sentarse. Cada vez que se movía decía: *"Mi cuerpo está libre para moverse como debe. Está libre, libre, libre. Se mueve como debe moverse. No hay trabas en ninguno de mis músculos, no hay impedimento en ninguno de mis nervios"*. Después de algún tiempo y esfuerzo, ella pudo alcanzar el teléfono y llamar a una amiga que también creía en la curación espiritual para todas las condiciones. Por tres días continuaron orando, bendiciendo su cuerpo, sabiendo que ella estaba libre para moverse, que la curación perfecta tomaba lugar. Al cuarto día todo su cuerpo se movió libremente. Lo único que quedaba era una pesadez en los brazos y piernas. Eso también desapareció pronto.

Un hombre se curó de una parálisis facial usando estas oraciones: *"Lo que debe hacerse para traer vida y vitalidad a mis músculos faciales se hace ahora. Todo mi cuerpo está en armonía con la vida. No hay debilidad en ninguna parte de él. Todo está lleno de vida, funcionando como debe. Dios me sana ahora, ahora mismo".*

Hizo ejercicios con los músculos faciales que estaban sanos y trató de mover los otros. No temía. Confiaba en Dios para su curación. Hizo todo lo que pudo para rehabilitar su cuerpo. Sabía que la vida de Dios fluía a través de él sin ningún obstáculo. Sabía que no había venas obstruidas ni vasos sanguíneos dañados que no pudieran ser reparados. Su curación llegó.

No temo. Las apariencias no me asustan. Dios se mueve a través de mi cuerpo ahora y mi cuerpo se mueve. Tengo libertad perfecta de movimiento. Cada parte de mi cuerpo se mueve libremente ahora. ¡Alabado sea Dios!

El envenenamiento

Nuestros cuerpos pueden envenenarse de muchas formas. El cuerpo rechaza ciertas comidas, la piel reacciona a ciertas substancias. Si esto ocurre no debemos asustarnos, no debemos temer. Si permanecemos calmados, sabiendo que Dios dirige la fuerza de la vida en nosotros, si permanecemos tranquilos para escucharlo, El nos guiará en lo que debemos hacer para cuidar de esta situación.

También recordamos los antídotos, sabemos qué pasos tomar. Si nos mantenemos tranquilos y serenos, no podremos hacer del veneno un dios; sabremos que nuestro Dios es más fuerte que cualquier veneno.

Un niño se tragó un líquido de limpieza. El y su madre estaban solos en casa sin transportación para ir por ayuda. El muchacho se quedó tranquilo, como la madre le dijo, él tenía completa fe en su madre y en Dios. Escuchó cuidadosamente todo lo que ella le decía sobre Dios y la curación. El escuchó a pesar de su malestar. Casi inmediatamente vomitó varias veces. Después pidió leche. Vomitó el primer trago, pero no el próximo. Después dijo que se sentía bien y quería ir a jugar. Su madre agradeció a Dios esta curación maravillosa.

Otro niño se cayó arriba de un zumaque venenoso. Cuando llegó donde su madre estaba rojo e hinchado por casi todo su cuerpo. Sus ojos estaban casi cerrados y la piel le picaba y ardía.

Lloraba y se quejaba. Su madre le dio un baño con jabón muy espumoso, lo lavó cuidadosamente alrededor de los ojos, le lavó el cabello, mientras le decía que debía mantenerse tranquilo.

"Tu cuerpo no puede calmarse" —le decía— "mientras tú no lo estés. El poder curativo de Dios no puede trabajar mientras grites y estés tan enojado. ¿Recuerdas la historia de Jesús en la cual El dice a los vientos turbulentos que se calmen cuando los discípulos tenían tanto temor en el barco?"

El muchacho recordó. Sabía que su cuerpo pasaba por una tormenta. Trató de decirle que se calmara y comenzó a sentirse mejor. No estaba muy tranquilo pero debido al intento, la curación empezó. Esto es todo lo que tenemos que hacer: tratar de pensar, decir, creer que podemos hacerlo en el momento mismo. Cuando se dio cuenta de lo mucho mejor que se sentía, dijo: "Gracias, mamá". Realmente agradecía a Dios, pues ella era el conducto de Dios para su curación. Prácticamente todas las señales del envenenamiento desaparecieron al día siguiente.

Dios es el poder curativo que limpia mi cuerpo de toda substancia venenosa. No debo temer. Mi cuerpo elimina el veneno ahora con Su ayuda.

Quedo sano ahora mismo. ¡Gracias, Dios!

Los ataques

Puede ser una experiencia temerosa estar alrededor de una persona cuando tiene un ataque. Es una experiencia terrible para la persona que sufre uno. Antes que nada se deben sanar estos temores y choques. Se debe acudir inmediatamente a la paz, la maravillosa paz curativa de Jesucristo. El cuerpo y mente de la víctima y la mente y las emociones de la otra persona deben calmarse, tener esperanza y confiar en que la curación ocurre tan rápido como sea posible.

Un hombre encontró esta clase de curación necesaria cuando era compañero de habitación de un amigo de negocios durante una convención. Empezó a afirmar inmediatamente que Dios estaba en control de esta situación y que la paz de Jesucristo estaba en su mente y emociones —en la mente, cuerpo y las emociones de su amigo. En voz alta dijo las siguientes afirmaciones:

"La paz de Jesucristo está en ti ahora. Tus únicas reacciones son pacíficas. Tu cuerpo y tu mente están en paz. Existe perfecta armonía y coordinación en todas las funciones de tu cuerpo. El orden divino trabaja en tu cuerpo y mente

ahora. Estás bien. Estás perfectamente bien ahora. Estás sano".

Puso su mano sobre el cuerpo tembloroso y convulsivo de su amigo. Sintió el amor salir de su cuerpo a través de sus manos. Su propio temor había desaparecido. Estaba tranquilo en todo sentido y su amigo se calmó pronto también. Una curación permanente tuvo lugar porque su amigo había aceptado la sugerencia de usar la oración afirmativa y de anticipar la posibilidad de una curación completa.

"Gran paz tienen aquellos que aman a Dios" fueron las palabras que vinieron a la mente de una madre cuando uno de sus hijos tuvo convulsiones. "Y yo amo al Señor", pensaba ella, mientras hacía lo que le habían dicho que hiciera para aliviar la condición del niño.

"Tienes gran paz ahora", le decía al niño una otra vez. "Tu amas al Señor. El te sana ahora. Te trae curación perfecta y completa ahora".

En pocos minutos todas las acciones del cuerpo del niño se normalizaron. Su madre lo abrazó, contenta de no sentir agotamiento, sólo paz. El niño pronto se deslizó de sus brazos y regresó a sus juegos. Fue la última convulsión que tuvo.

La piel

La piel nos separa de todo lo externo; nos

proteje. Sin embargo, no pensamos en ella, no le damos gran importancia. A menudo la tratamos mal. La exponemos a toda clase de condiciones de tiempo e ignoramos sus necesidades. La mayoría no nos damos cuenta de todo lo que hace por nosotros.

La piel es un barómetro de las condiciones de la salud interna: cuando nuestro sistema digestivo no funciona bien, podemos tener una erupción para advertirnos y decirnos de lo que sucede internamente. Aparecen ronchas que nos dicen que nuestras emociones están destempladas. Cuando los nervios están inquietos, nuestra piel nos pica y arde. Para muchos de nosotros, nuestra piel es una "antena" extrasensorial. Actúa como una señal si estamos en peligro: nuestra piel puede "hormiguear" antes de que estemos conscientes de que algo cercano nos amenaza.

La piel es nuestro protector contra el mundo. Esto significa que debemos cuidar tanto espiritual como físicamente esta maravillosa parte de nuestro cuerpo.

Una mujer se curó de la psoriasis, que había sido un problema por muchos años, al bendecir su piel y saber que no importaba que había soportado el ardor y la picazón por treinta años. La psoriasis podía aclararse y así fue. Usó estas palabras: *"Mi piel esta perfectamente lisa y libre de toda llaga. Dios me sana ahora"*.

Otra mujer nunca había sanado de una condición severa de acné. Comenzó a "verse" con la piel clara cuando se miraba en el espejo. Había probado tantos remedios, pero ninguno había funcionado. Ahora ella decidió intentar su curación con Dios.

"Dios mío" —*oraba*— *"Tú estás a cargo de mí y eso incluye mi piel. No la he cuidado bien. Gracias, por hacer mi piel hermosa ahora"*.

Luego mucho pasó en su vida. Su trabajo cambió y estaba cerca de su casa, de manera que podía caminar a su empleo. Encontró que su sentido del gusto cambiaba; ya no deseaba comidas que no eran buenas para su piel. Una nueva vecina se trasladó a la casa de al lado. Le gustaba la jardinería. Muy pronto la señora con el problema de la piel tuvo también un pequeño jardín y huerto. Después se dio cuenta de que su piel estaba libre de nuevas marcas y las viejas estaban sanando. ¡Ahora pone a Dios a cargo de todas sus necesidades de curación!

El amor suaviza la piel áspera de una manera que los aceites y lociones no pueden hacerlo. Las irregularidades de la pigmentación se ajustan cuando se afirma el orden divino. Las erupciones desaparecen cuando se acude a la paz de

Jesucristo.

Gracias, Padre, por una piel perfecta. Está clara, lisa y perfecta en todo sentido. Es hermosa y maravillosa. Agradezco la protección que da a mi cuerpo. La bendigo y cuido mucho.

La fortaleza

Necesitamos toda clase de fortaleza. Siempre necesitamos toda la fortaleza física que podamos acumular, así como la mental, emocional y moral. Nuestra necesidad más grande es de fortaleza espiritual, pues por medio de ésta surge toda fortaleza. A veces olvidamos que nuestra fortaleza reside siempre en el Señor. Olvidamos cuántas veces se nos dice en la Biblia que el Señor nos dará fortaleza, que El *es* fortaleza, que El restablecerá nuestra fortaleza.

Un niño pequeño estaba perdido en el bosque. Al pasar el día, el niño se cansaba más y más, tanto que ya no podía caminar. Sentía frío, tenía hambre y estaba asustado. Había perdido su camino porque el cielo estaba nublado. Entonces se acordó de orar.

Su oración fue simple: *"Dios mío, muéstrame el camino a casa. Dame fortaleza para llegar allí"*.

Se sentó por un minuto y pensó en Dios y en

su oración. Cuando levantó su vista, por un momento breve el sol parecía brillar a través de las nubes. Sólo un minuto —pero lo suficiente para que el niño se diera cuenta de que estaba yendo en dirección equivocada. Se puso tan contento y agradecido que su cansancio desapareció. Antes apenas había podido caminar —¡ahora podía correr!

Una abuelita cuidaba de cinco nietos. Estaba muy ocupada todo el día y a veces en la noche. Se sentía agotada, pero todavía le quedaba un mes más para cuidar a los nietos mientras los padres establecían un negocio nuevo y una casa nueva para la familia. Sabía que debía continuar y tenía que dejar de estar tan cansada. Entonces se acordó de que su fortaleza venía de Dios. Tenía que orar mientras hacia sus quehaceres pero así lo hizo durante día y noche: *"Padre mío, te agradezco toda la fortaleza que necesito en estos momentos"*.

Sintió olas nuevas de fortaleza muchas veces durante el día, de manera que podía continuar cuidando a los nietos. Oró toda una noche por fortaleza y leyó los versículos en la Biblia sobre ella. Se sintió mejor al ver la cantidad de ellos que había, lo cual significaba que mucha gente había necesitado fortaleza. Pensó en Dios como fortaleza. Un Dios todopoderoso tenía que tener fortaleza, un Dios amoroso tenía que darle fortaleza. Finalmente se durmió sintiendo la fortaleza de Dios fluyendo por cada parte de su cuerpo. Adormecida dijo: *"Gracias, Padre"*. Cuando se despertó, pudo levantarse y cuidar de la casa y sus nietos. Descubrió que al acudir al Dios de fortaleza dentro de sí misma, sentía nuevamente una ola de vigor refrescante y renovador.

La fortaleza de Dios está disponible cuando nos sentimos débiles o con falta de energía o fortaleza. En todo lo que tengamos que hacer, tenemos la fortaleza para hacerlo. Dios es fortaleza y El nos da toda la que necesitemos. No tenemos que sentirnos cansados, débiles o con falta de energía; podemos tener el fluir de esta energía segura, continua y maravillosa.

La cirugía

La curación espiritual puede facilitar la curación después de una cirugía, puede prevenir complicaciones y dar al cuerpo renovación y salud. A menudo la curación espiritual puede prevenir la cirugía. La curación ocurre de varias maneras. La cirugía correctiva puede ayudar al cuerpo a hacer su trabajo más efectiva y fácilmente. La cirugía de emergencia puede corregir situaciones de las que no estábamos conscientes que necesitaban nuestra atención de curación. Siempre, sin importar lo que hagamos para ayudar a nuestro cuerpo, necesitamos la curación perfecta y completa que sólo la curación espiritual nos puede traer. Hace que todo sea mejor y más fácil.

La curación espiritual alivia nuestros temores cuando estamos hospitalizados. Nos asegura de que Dios está a cargo de todo cada minuto, orientando las mentes y manos de los cirujanos, enfermeras, anestesistas, técnicos de laboratorio —de todos. Nos ayuda saber que todo lo que se hace por nosotros es como debe ser, y que la curación perfecta ya ha empezado en nuestro cuerpo. Prepara nuestra mente, nuestras emociones y nuestro cuerpo para la curación perfecta.

Un hombre pasó la tarde antes de ir al hospital afirmando lo siguiente:

"Existe sólo una Mente, no hay muchas mentes, ni la del cirujano, ni la de sus ayudantes, ni siquiera mi mente, o la mente de mi esposa. Sólo una Mente, y esa Mente cuida perfecta y rápidamente todas las condiciones físicas de mi cuerpo. Se hace sólo lo correcto. La curación es rápida y perfecta; no hay complicaciones. Vendrán bendiciones especiales para todos los que participan en esta situación, incluyéndome a

mí".

La cirugía fue exitosa y la recuperación fue rápida. El cirujano le dijo que deseaba que todos sus pacientes sanaran tan maravillosa y rápidamente como él.

Una niña necesitó cirugía de emergencia. Fue extremadamente difícil para sus padres mantener sus pensamientos en la curación y no en el posible peligro mientras la operación se efectuaba. Usaron su fe y eso es lo único que tenemos que hacer. A medida que pasaba el tiempo les fue más fácil afirmar y orar con fe, repitiendo la afirmación que decidieron usar:

"Dios está a cargo de nuestra hija. No tememos. Dios está en su cuerpo, y en la mente y manos del médico, de las enfermeras, de todos los que la atienden. El amor curativo de Dios ya está ajustando su cuerpo, limpiándolo, purificándolo, renovándolo, revitalizándolo, reactivándolo y sanándolo. Gracias, Padre, por su curación perfecta".

Mientras oraban con profunda fe y sentimiento, su temor desapareció; se calmaron y estuvieron seguros de un resultado exitoso. Se alegraron mucho cuando les dijeron que su hija estaba bien. La pequeña respondió maravillosamente al cuidado postoperatorio y la llevaron a casa mucho antes de lo anticipado.

No, no dejamos a Dios fuera de la sala de operaciones. El está allí así como en todas partes. Ya sea que estemos allí nosotros o esperando afuera con mucho amor mientras una persona querida está en esa habitación, sabemos que todo está bien, porque Dios tiene control absoluto de todo lo que se hace. La curación tiene lugar. La curación puede tener lugar en cualquier sitio a medida que la afirmemos.

Los dientes

Necesitamos dientes perfectos no sólo para masticar nuestros alimentos. Los dientes establecen una gran diferencia en nuestra salud general y en nuestra apariencia. Cada vez que nos cepillamos los dientes, deberíamos decir: "Gracias, Padre, por estos dientes maravillosos que mastican los alimentos para el consumo de mi cuerpo, que ayudan mi cara, que me ayudan a hablar claramente". Los dientes responden al amor y aprecio, y a nuestros pensamientos curativos.

Un hombre tenía dificultades con sus encías. Parecía como si se ablandaran y aflojaran alrededor de sus dientes. Temía la posibilidad de perderlos. Había tenido varias curaciones espirituales y sabía que nada era imposible para conseguir la ayuda de Dios. Comenzó a alabar sus dientes por todo lo que hacían y habían hecho por él y por todo lo que continuarían haciendo por su salud y apariencia.

Recordó algunas palabras de un himno conocido y oró alegremente: *"Padre mío, gracias por la base firme de mis dientes. Mi fe tiene una base firme, mi creencia en Tu poder curativo tiene una base firme, mis dientes tienen una base firme. Mis encías y dientes son sólidos, sanos y perfectos ahora"*.

Muy pronto sus encías se sanaron y se volvieron firmes.

Una joven descubrió que tenía un gran número de caries. El dentista le dijo que debía vigilar su dieta. Mientras conducía hacia su casa pensaba en los cambios en su dieta y decidió que necesitaba vigilar también la dieta mental y emocional. El practicar la Verdad le había producido anteriormente una curación, y al no ser sus dientes diferentes a las otras partes de su cuerpo, ellos también responderían a la Verdad.

Recordó lo que Pablo dijo a la gente en Iconio al hacer recuento de todo lo que Dios había hecho por ellos: "(llenando) sus corazones de sustento y alegría". La palabra *alegría* le recordó el caso de Pentecostés, cuando Pablo escribió que la gente, "comían juntos con alegría y sencillez de corazón". Sabía que debía tener sencillez de corazón si entregaba a Dios todo el poder en su vida.

La alegría se convirtió en su "tema musical". Pensó en la alegría, y practicó sentirse alegre. Nunca comía nada sin bendecirlo con la alegría y comprensión de que cada uno de sus alimentos curaba, restablecía y reconstruía su cuerpo. Esto incluía sus dientes. Trataba de comer alimentos nutritivos para sus dientes; la adicción que parecía haber tenido a los dulces toda su vida cesó. Los alimentos que fortalecían los dientes la satisficieron más que nunca. La alegría se convirtió en su manera de vida, de pensar, y de sentir. En su próximo examen dental no encontraron más caries.

Somos fuertes en el Señor; nuestros dientes son fuertes en el Señor. Queremos sólo alimentos perfectos para nuestro cuerpo; los masticamos bien; comemos con gozo y alegría. Nuestro cuerpo responde con salud, perfección y bienestar.

La vista

Nuestros ojos nos muestran cosas durante las veinticuatro horas del día. Desde el momento en que estamos despiertos conscientemente hasta que nos dormimos, los ojos nos muestran lo que necesitamos ver, entender y disfrutar. Cuando nos dormimos, el mecanismo de nuestra vista continúa. Nos lleva en viajes a través de nuestros sueños. Esta vista interior nos permite ver el pasado y nos ayuda a imaginar el futuro. A menudo tanto la vista interior como la exterior necesitan curación.

A veces nuestros sueños son aterradores, amenazantes o proféticos. A veces lo que vemos del pasado o del futuro no es "saludable". A menudo debemos sanar nuestras perspectivas. No siempre vemos las cosas como son realmente. Podemos ser miopes cuando vemos las cosas sólo desde nuestro punto de vista, o no vemos la vista panorámica total; podemos ser tan previsores mirando hacia el futuro que no vemos nuestro presente.

Podemos tener visión borrosa, tener astigmatismo, estrabismo, visión limitada. De todas las partes del cuerpo, los ojos deben responder lo más rápida y maravillosamente a la Verdad, porque el poder curativo tiene que ser "visto", comprendido, entendido —y es a través de los ojos que vemos y entendemos todo. La comprensión está tan unida a la visión que cuando tenemos una idea, decimos que la "vemos". Las palabras "yo veo" son palabras que producen maravillas y se prestan para perfeccionar la visión por medio de una oración afirmativa.

"Yo veo. Yo veo. Yo veo perfecta y claramente, Yo veo todo lo cercano todo lo lejano. Veo con los ojos del Espíritu. Dios ve al mundo a través de mis ojos. Veo al mundo a través de los ojos de Dios en mí. Mis ojos son saludables y perfectos. No hay límites para mi visión. Veo todo lo que Dios quiere que vea. ¡Yo veo. Yo veo. Yo veo!"

Cuando tratamos de ver lo bueno en todo, en toda la gente, en todos los hechos y las circunstancias, es sorprendente cómo mejora nuestra vista. Cuando dejamos de ver lo malo de nuestros semejantes y del mundo y empezamos a ver lo que está bien y lo que es bueno, empezamos a usar la visión de Dios.

Una señora había usado lentes muy fuertes para su miopía por muchos años. Había tenido varias curaciones usando los conceptos de la Verdad. Creía en que no habría dificultad en la curación de sus ojos por medio de los métodos espirituales. Quería estar libre de la necesidad de usar lentes. Ella también sabía que lo exterior, lo físico, es un reflejo de lo interior; para poder ver más lejos y más claramente, tendría que extender su conciencia, tendría que cambiar su perspectiva mental para ver mejor y de distintas maneras el bien, ver lo real y no lo irreal, ver a Dios en todas las cosas, personas y circunstancias. Estas declaraciones le ayudaron:

"Me dirijo a Dios. Mi visión se dirige a Dios. Dios llega a otras personas y al mundo a través de mis ojos. Todo es claro cuando veo con Sus ojos. Nada me engaña; sé lo que es real e irreal. Veo a Dios en todas partes. Mi verdadera visión es espiritual, no física. No veo con ojos físicos, veo con ojos espirituales y mi vista es perfecta ahora. ¡Gracias, Dios!"

Rehusó examinar su progreso; se mantuvo firme en la convicción de que sus ojos eran ya perfectos en el Espíritu y la Verdad. Una mañana mientras preparaba el desayuno, uno de sus hijos le preguntó: "Mamá, ¿dónde están tus lentes?" El deseo más profundo de ella se convirtió en realidad. Se había levantado sin tener que ponerse los espejuelos. Cuando le examinaron los ojos más tarde, su oculista quedó sorprendido, ¡la volvió a examinar para asegurarse de que no había cometido un error!

Un hombre que sufría de estrabismo si no usaba lentes correctivos, tuvo una mejoría (y finalmente curación) después de declarar y continuar declarando que Dios podía corregir sus ojos y que "él podía hacer que sus ojos vieran en linea recta" y que "su vista sería recta". Su condición mejoró tanto que tuvo que cambiar sus anteojos porque los antiguos le causaban molestias. A los dos años tuvo lugar el milagro. Sus ojos bizcos se enderezaron.

Un joven se sanó rápidamente de una infección en un ojo cuando se dio cuenta de que el poder sanador de Dios limpia, y purifica, y Su obra sanadora es rápida, segura, confiable y duradera.

Vemos con los ojos del espíritu. Vemos el bien en todo lugar y todas las personas. Vemos a Dios como parte de todas las personas y cosas. Nuestra visión interna es perfecta, nuestra visión externa es perfecta también, ¡Gracias, Dios!"

El peso

La cuestión del peso y su distribución puede ser un problema recurrente. El sobrepeso, poco peso, el peso en lugares inadecuados nos preocupan y evitan que tengamos salud perfecta. El comer con exceso o muy poco, el comer alimentos inadecuados, el comer impulsivamente o el comer para satisfacer las emociones, complican el problema del peso.

A un hombre le habían dicho que debía reducir su peso para disminuir la presión en su corazón. Había tratado de reducir antes, muchas veces, pero con éxito limitado. Tuvo éxito después de usar algunos pasajes de la Biblia como su guía. Los interpretó y adoptó para su propia condición. Su primera inspiración vino por medio de las palabras de Jesús: "Venid a mí todos los que estáis trabajados y cansados y yo os haré descansar". Este hombre sabía que hacía que su cuerpo trabajara en exceso debido a su peso. *"Dios elimina mi exceso de peso y le da descanso a mi cuerpo"*, fue su primera oración.

Otra noche mientras leía la Biblia encontró lo siguiente en Ezequiel: "Yo buscaré la perdida, (realmente había perdido su figura) y haré volver al redil la descarriada (realmente había eliminado la salud de su cuerpo comiendo excesivamente), y vendaré a la perniquebrada (su determinación de no comer), y fortaleceré a la débil (su resolución de perder peso necesitaba mucha fortaleza); mas a la engordada y a la fuerte ... las apacentaré con justicia (eso era algo que necesitaba mucho si iba a perder peso)".

Trabajó con buen juicio y amor; amor hacia Dios y hacia el cuerpo que le había sido dado; buen juicio al escoger alimentos y cantidades de comida, y ejercicio para fortificar su cuerpo. Empezó a perder peso gradual y continuamente.

Una señora que sabía que su gusto por los dulces le hacía subir de peso continuamente por fin pudo controlar y dirigir su apetito cuando tenía presente que deseaba sólo alimentos espirituales y el Espíritu la satisfacía. Su apetito casi insaciable por los dulces cambió y ella comenzó a perder peso.

Por muchos años una señora había intentado todo para ganar peso. Trató toda clase de comidas, varias dietas. La que al final le dio resultados fue una dieta espiritual: *tomó tiempo para orar antes de comer cualquier alimento.* Esto levantó sus pensamientos, relajó su cuerpo, preparándolo para los alimentos y líquidos que iba a comer y tomar. Bendijo cada bocado.

Masticaba cada bocado más despacio porque le tomaba tiempo bendecir cada bocado. Ganó peso, renovó su energía y fortaleza, y se embelleció. Su cara perdió el aspecto desencajado, su cuerpo adquirió curvas atractivas y su piel un aspecto más saludable. Su cuerpo entero vibraba con salud y felicidad.

"Tengo el peso perfecto para mi cuerpo. No como en exceso ni me privo de comida. Mantengo mis emociones equilibradas. No tengo falsos deseos de comida . Deseo sólo aquel alimento y bebida que es bueno para mi cuerpo. Estoy satisfecha con el Espíritu. Mi cuerpo es saludable y hermoso ahora. ¡Gracias, Dios!"

XIV Cómo puede ser

Es emocionante saber que podemos generar salud y crear nuevas condiciones en nuestro cuerpo. Es emocionante saber que en nosotros tenemos este maravilloso poder de Dios, una verdadera energía que podemos poner en marcha al sólo pensar y sentir correctamente. Cuando hacemos esto, nuestras células empiezan a trabajar armoniosa y rápidamente para limpiar, purificar, renovar y restablecer las funciones del cuerpo.

Me renuevo y restablezco por el poder de Dios en mí. Se me ha dado todo poder, incluso el poder de la curación. Tengo control consciente en mi cuerpo y salud. Puedo activar la salud.

Estimulamos nuestro cuerpo hacia mayor salud al decirle que es maravilloso, pues así lo es. Nuestras palabras de curación encienden el generador: nuestra sangre circula más libremente, respiramos más profunda y fácilmente, eliminamos las tensiones, sentimos una nueva y gran agilidad junto con fortaleza renovada.

Sabemos que la curación no se retrasa y tiene lugar ahora. En nuestra curación, entendemos mejor a Isaías (58:8): nuestra curación "se dejará ver pronto". Sentimos la curación. Apreciamos nuestro cuerpo más y más.

Estamos hechos maravillosamente, se nos ha dado poder sobre el cuerpo por medio de nuestros pensamientos, sentimientos y palabras. Aunque hayamos albergado pensamientos negativos y hayamos creado malestar en el cuerpo, nuestro cuerpo maravilloso responderá a los pensamientos correctos.

Estoy libre ahora de pensamientos y sentimientos incorrectos. Expreso sólo palabras portadoras de salud. Pienso sólo en salud. Espero salud. La salud y curación llegan.

De esta manera creamos una conciencia de salud y eliminamos una conciencia de enfermedad. Visualizamos y esperamos curación; sabemos que llega. Eliminamos pensamientos erróneos sobre el pasado. Eliminamos todo pensamiento de injusticia, lástima por nosotros mismos, resentimientos, odio o dolor.

Ahora quedo libre de ansiedad, temor, remordimiento y odio. El amor curativo, purificador y limpiador de Dios ahora lava y disuelve cualquier acumulación de pensamientos y condiciones erróneos. Me renuevo en cuerpo y pensa-

miento.

No nos alarmamos por condiciones de enfermedad porque sabemos que la alarma las agrava. No comentamos sobre ellas con ninguna persona, pues sabemos que esto hace más difícil la curación, porque nos pone en contacto con los pensamientos negativos de otros.

Primeramente, debemos sanar nuestro pensamiento sobre las apariencias concentrando nuestra mente en Dios y Su omnipotencia, y así en la curación.

No me disturban las apariencias de enfermedad porque tengo fe en el poder sanador de Dios. Puedo usar este poder sin importar donde esté, o lo que esté mal en mi cuerpo. Confío en El para sanarme, para hacerme perfecto y fuerte ahora.

No nos alarmamos si aparece un crecimiento anormal, porque sabemos que nuestro único crecimiento es espiritual. En lugar de inquietarnos, encontramos nuestra paz. La curación tiene lugar cuando estamos conscientes de esta paz de Dios. A menudo viene como en momento de luz, un momento de alumbramiento en nuestro pensamiento consciente. En este momento de iluminación no existe pensamiento de la condición física, no existe pensamiento de curación. Existe sólo paz. A veces sentimos el poder amoroso y sanador de Dios. A veces sentimos que somos los canales y nos vemos como tales. Algunos sentimos la mano de Dios aliviando, sanando, fortificando.

La paz de Dios es mía y sana mi cuerpo ahora.

Las nuevas células se forman continuamente. Nuestras mentes conscientes aceptan este hecho y nuestras mentes subconscientes crean las células nuevas. Sabemos que el poder sanador de Dios puede "encender" las luces en nuestras células, puede "iniciar la música". Con nuestros pensamientos, nuestros sentimientos y nuestras palabras, transformamos nuestro cuerpo. Enviamos nuestra palabra sanadora hacia las profundidades de nuestro ser y cada célula responde. Declaramos la salud en nuestro cuerpo en nombre y por medio del poder de Jesucristo, quien sabía tan completamente que El y el Padre eran uno, que el Padre podía hacer su trabajo de curación perfecto a través de El. Jesucristo nos prometió que nosotros podíamos hacer lo mismo, y así es. Dijo que podríamos hacer más que lo que El hizo. Su ministerio duró sólo tres años en el mundo terrenal; pero a través de nosotros el ministerio de Jesús durará mucho, mucho más.

A través del poder de Jesucristo mis células están nuevas y perfectas. Mi cuerpo canta con salud. Mi cuerpo está lleno de maravillosa luz sanadora.

Necesitamos una palabra curativa que sea *nuestra* palabra. Podemos encontrar nuestra palabra especial entre las siguientes que han ayudado a traer curación a mucha gente:

Dios en mí tiene el poder de sanarme perfectamente ahora.

Mi cuerpo es substancia espiritual. Dejo que se exprese en su perfección ahora. La perfección infinita trabaja en mi cuerpo ahora. La dirijo conscientemente a que haga su trabajo ahora, sin retraso.

Doy gracias por mi salud (curación) perfecta ahora.

Estoy libre de errores en pensamiento, sentimiento, palabra y acción, y de sus consecuencias. Todos los efectos de estos errores se borran, disuelven y sanan.

Me preparo para salud (curación). Entrego mi vida a las manos de Dios. Todo lo que hago y digo lo hago en la Verdad.

Cuando me entero de una curación, me regocijo porque sé que lo que Dios hace por otros, hará por mí.

Llevo la Verdad a cada parte de mi cuerpo, porque sé que él es el resultado de todos mis pensamientos y sentimientos, y quiero que sea perfecto en el futuro.

Nunca dudo que cualquier condición puede sanar con la ayuda de Dios.

Aunque no estemos enfermos o no necesitemos curación física, sentimos la vida de Dios restableciendo continuamente nuestros cuerpos, haciéndonos perfectos. Sentimos nuestra libertad espiritual perfecta.

Soy libre para escoger salud y orden divino, para alabar y bendecir mi cuerpo. Soy libre para ser saludable.

Soy joven, saludable y fuerte. Mi cuerpo demuestra perfecta salud ahora.

Permanecemos firmes en la creencia de nuestra curación y en saber que en todo momento no somos nosotros los que hacemos la curación. Permanecemos firmes porque siempre estamos en Su presencia. No damos tratamiento a nuestro cuerpo; damos tratamiento a nuestros pensamientos y sentimientos para que surja el Ser verdadero, nuestro Ser espiritual. El Ser está ahí, perfecto y sano, esperando siempre nuestro llamado.

Mientras trabajamos somos sensitivos sólo a lo bueno; no nos afectan las apariencias externas. Nunca dejamos que nuestra paz interna nos abandone. Sabemos que la enfermedad o condición que necesita curación, no es verdadera, a pesar de lo real que parezca. Sabemos que nada es demasiado difícil para que el poder sanador de Dios lo sane y cuide.

Todas las condiciones están receptivas a la posibilidad de la curación de Dios.

La salud es un derecho divino. ¡La espero y acepto ahora!

Guía de estudio

El entendimiento viene por medio del estudio, y la lealtad hacia el estudio paga dividendos incalculables. Las preguntas que siguen, basadas en cada uno de los capítulos de la primera parte de *Sé Sano ... ¡Ahora!,* se han preparado para ayudar al estudiante a obtener lo óptimo del estudio de este libro. Se sugiere que el lector lea las preguntas antes de leer el capítulo. Esto le ayudará en su aprendizaje.

Después de estudiar un capítulo, muchos estudiantes encuentran de utilidad para sus estudios posteriores el escribir las respuestas en el libro después de cada pregunta; otros las escriben en un cuaderno o en tarjetas.

La última parte del libro se puede estudiar de manera semejante. Antes que el lector estudie la sección que le interesa, puede formular sus propias preguntas para asegurar que encuentra la máxima ayuda posible por medio de sus estudios.

I. La curación es posible: la curación es un derecho divino

1. ¿Cuál es la Verdad que sana?
2. ¿Qué es nuestro ser espiritual? ¿Nos ayuda en la curación?
3. ¿Qué es lo que renueva y repara nuestro cuerpo físico?
4. ¿Cómo se lleva a cabo una curación?
5. ¿Por qué es eso difícil de entender?
6. ¿Cuál es la voluntad de Dios en cuanto a nuestra enfermedad?
7. ¿Cómo cooperamos?
8. ¿Creo yo que Dios nos envía el sufrimiento?
9. ¿Qué incluye el bien de Dios para nosotros?
10. ¿Por qué formuló Moisés tantas leyes para la salud?
11. ¿Cómo afecta el pecado a la salud, las emociones, a nuestra manera de pensar?
12. Aprende de memoria tres promesas

sanadoras bíblicas. ¿Por qué es bueno hacer esto?

13. ¿Cómo sabemos que nuestro cuerpo ha sido hecho para la curación?
14. ¿Qué hizo Margarita para que su curación se realizara?
15. ¿Qué puede sanarse en nuestra vida?

Sí, tenemos la posibilidad divina de sanarnos ¡AHORA!

II. El deseo de estar enfermo

1. ¿Por qué puedo desear estar enfermo?
2. ¿Tengo una conciencia enferma?
3. ¿Qué inicia una conciencia enferma? ¿Qué la fomenta?
4. ¿Pospongo alguna vez una curación? ¿Por qué?
5. ¿Necesito que me mimen?
6. ¿Deseo alejarme del trabajo y las responsabilidades?

7. ¿Qué podemos aprender de Ethel Barrymore?

8. ¿Por qué necesitamos negaciones y afirmaciones cargadas de emoción para comenzar el proceso de curación?

9. ¿Tengo muchos accidentes grandes o pequeños? Cuando pienso en un accidente que tuve, me pregunto: ¿En ese momento cuál era mi estado de ánimo? ¿Estaba cansado? ¿Deseaba que ocurriera? ¿Por qué?

10. ¿Qué tienen que ver nuestras palabras con nuestros accidentes? ¿Con nuestra salud?

11. Si necesito curación ahora, ¿la deseo de todo corazón? ¿Hará ella que yo comience a hacer lo que realmente no deseo?

12. ¿Me engaño a mí mismo de alguna manera referente a mi salud?

13. ¿Creo que tengo el don de poder escoger: salud o enfermedad?

14. ¿Qué es lo que realmente quiero?

Hoy elijo salud.

III. La prevención y la curación

1. ¿En qué necesitamos pensar antes de pensar en la prevención?
2. ¿Cuáles son las causas de la enfermedad?, ¿de los accidentes?
3. ¿De qué probablemente nos olvidamos?
4. ¿Cuál es el trabajo del subconsciente?, ¿cuál es su deseo principal?, ¿cuáles son sus limitaciones?
5. ¿Cuál es el poder de la mente consciente?
6. ¿Cómo pueden trabajar juntas la fase consciente de la mente y la fase subconsciente de la mente para prevenir y sanar la enfermedad?
7. ¿Dónde empieza nuestro trabajo preventivo?
8. ¿Cómo puedo mejorar el cuerpo? ¿Es mi cuerpo estático?
9. ¿Creo que Dios tiene todo el poder en mi cuerpo o creo que la enfermedad u otro poder se apodera de mi cuerpo?
10. ¿Cómo iniciamos el poder sanador en nosotros?

11. ¿Qué significa el concentrarse en la curación primero?

12. ¿Cómo se logra la curación?

13. ¿Cómo funcionan juntas la prevención y la curación? ¿Qué es lo que las hace un equipo?

14. ¿Quién es el que sana?

La fase consciente de mi mente decide lo que da a la fase subconsciente. Le doy a mi subconsciente pensamientos de fortaleza, curación, felicidad, alegría, bondad. Conscientemente borro todos los pensamientos negativos, todos los pensamientos y emociones que engendran enfermedad. Ahora estoy en control de lo que va a mi subconsciente.

IV. La curación retrasada o incompleta: instantánea o completa

1. ¿Qué es parte de la respuesta para recibir una curación completa e instantánea?

2. ¿Cuál es la palabra que debemos eliminar de nuestro vocabulario? ¿Por qué?

3. ¿Cómo puede nuestro pensamiento acerca del tiempo retrasar nuestra curación?
4. ¿Si la curación no llega rápida y completamente, qué debemos hacer?
5. ¿Qué podemos hacer referente al temor?
6. Nombra tres modos a través de los cuales podemos eliminar retrasos en la curación.
7. ¿Cómo puede ayudar a traer curación el seguir la guía recibida a través de la oración?
8. ¿Cómo podemos evitar ser obstáculos en la curación? ¿Cómo interferimos a menudo con nuestra curación?
9. ¿Cómo nos "abandonamos en Dios"? ¿Qué ocurre cuando lo hacemos?
10. ¿Cómo "dejamos" que nuestra curación suceda?

Dejo de preocuparme por mi curación, si tarda o llega pronto. Entrego mi curación a Dios y dejo que ocurra.

V. El templo divino: su cuidado

1. ¿Cómo usamos nuestro cuerpo? ¿Lo abusamos?
2. ¿Cuál ha sido la influencia de la religión en nuestra opinión sobre nuestro cuerpo?
3. ¿Por qué debemos mantener nuestra mente, cuerpo y emociones perfectos?
4. ¿Qué diferencia determinará en nosotros el tener realmente la conciencia de que nuestro cuerpo es el verdadero templo del Dios viviente?
5. ¿Sabemos qué hacer para mantenerlo perfecto?
6. ¿Cuándo aparecerá una raza superior?
7. ¿Cuál es la manera de demostrar nuestro amor por Dios?
8. ¿Qué es lo que inicia la música en nuestro templo?
9. ¿Qué ilumina el templo?
10. ¿Por qué debemos apreciar nuestro cuerpo?

11. ¿Cuál es el hecho más importante de nuestro cuerpo?
12. ¿Nos escuchamos a nosotros mismos en nuestro templo? Si no, ¿a quién?

Sé que mi cuerpo es el templo del Dios viviente. Lo cuido, protejo y bendigo.

VI. La curación de los hábitos

1. ¿Tenemos algunos hábitos que queremos sanar?
2. ¿Cuándo necesita curación un hábito ?
3. ¿Tengo hábitos que controlan mi vida, que deciden lo que tengo que hacer?
4. ¿Es posible que esté engañado sobre mis hábitos?
5. ¿Por qué fue más fácil para Jaime pedir ayuda a su ángel?
6. ¿Podemos imaginarnos llegar al lugar donde nosotros también podemos dejar un mal hábito así como lo hizo Jaime?
7. ¿Tenemos que dejar nuestro hábito solos? ¿Tenemos que hacer algo siempre

solos?

8. ¿Estamos rehusando prestar atención cuando otros tratan de explicarnos lo que nuestro hábito o nuestros hábitos nos están causando?

9. ¿Cómo podía haber ayudado a Nelly el pensar que su hábito era como una enfermedad? ¿Sería más fácil para nosotros pensar en un hábito que no deseamos como una enfermedad en lugar de un hábito?

10. ¿Esperamos realmente la curación de nuestro hábito?

11. ¿Pensamos que debemos continuar siendo esclavos?

12. ¿Cómo empezamos y dónde vamos para conseguir ayuda con la curación de un hábito que no queremos? ¿Es difícil encontrar ayuda?

13. ¿Qué hizo el niño de diez años para que su curación se manifestara? ¿Podemos hacer lo mismo?

Conozco el hábito que necesita curación. Dios me está ayudando con su curación ahora mis-

mo. Espero curación y ésta llega. ¡Gracias, Dios!

VII. La curación de las relaciones

1. ¿Qué significa que "alguien" o "algo" nos hace enfermar?
2. ¿Tenemos a alguien en nuestra vida que nos hace enfermar ahora?
3. ¿Cuándo debemos sospechar que una relación nos hace enfermar?
4. ¿Qué quiso decir el médico de Dora cuando le preguntó si había algo que "le devoraba las entrañas"?
5. ¿Pensamos alguna vez en "recobrar nuestra paz" antes de reunirnos con personas difíciles?
6. ¿Podemos nosotros también usar la "paz mágica"? ¿Qué es ella?
7. ¿Dónde usamos primero la "magia espiritual"?
8. ¿Qué es lo que esta magia cambia en nosotros?
9. ¿Quién debe estar a cargo de nuestras

relaciones?

10. ¿Podemos llegar al punto en que prevemos una relación que necesita curación antes de que nos cause daño a nosotros y a nuestro cuerpo?

11. ¿Cómo nos protegemos si "nos vemos envueltos" en una situación grave?

12. ¿Oramos para que otras personas cambien?

13. ¿Qué tiene que ver el tiempo con la curación?

14. ¿Hay momentos cuando también sentimos que no estamos bien con el Padre? Si es así, ¿qué hacemos?

Estoy en paz con todas las personas y ellas están en paz conmigo. Cada minuto estoy en armonía con Dios y con el mundo. Expreso sólo paz; siento sólo paz.

VIII. La curación de los recuerdos

1. ¿Qué es lo primero que debemos buscar cuando necesitamos curación?

2. ¿Cuáles son los recuerdos que bendicen?, ¿cuáles los que causan dolor?
3. ¿Qué hacemos con los recuerdos dolorosos de resentimiento e injusticia?
4. ¿Qué hizo un hombre para mantenerse libre de las reacciones emocionales de las desgracias?
5. ¿Cómo encontramos los recuerdos que necesitan curación?
6. ¿Cómo funciona nuestro subconsciente con nuestros recuerdos?
7. ¿Cómo cambia el subconsciente nuestros deseos y reacciones?
8. ¿Qué debemos esperar cuando empezamos a sanar nuestros recuerdos?
9. ¿Cómo debemos reaccionar a los recuerdos dolorosos? ¿Debemos avergonzarnos? ¿Temer?
10. ¿Cómo eliminamos la influencia dolorosa de cualquier recuerdo?
11. ¿Se tiene que descubrir y traer a la memoria un recuerdo antes de que se pueda sanar?

12. ¿Cuáles son las tres cosas que suceden cuando sanamos un recuerdo?
13. ¿Pueden tener curación todos los recuerdos?
14. ¿Qué hacemos con los recuerdos que mantenemos en nuestro subconsciente?

Elimino y dejo ir todos los recuerdos antiguos y dolorosos. Si puedo, aprendo de ellos. Los bendigo. Ya no afectan mi vida. Estoy libre de su influencia. Gracias, Dios, estoy libre para recibir nuevo bien ahora.

IX. La curación de los fracasos

1. ¿Cuál es la maravillosa verdad de nosotros en relación con los fracasos?
2. ¿Cómo nos ayuda cuando pensamos en nuestros fracasos como enfermedades?
3. ¿Es bueno mirar los fracasos objetivamente?
4. ¿Podemos aprender algo sobre nuestros propios fracasos del relato de Morgan?
5. ¿Cómo curó Enrique su fracaso "perma-

nente"?

6. ¿Puede ser algo bueno el cansarnos de los fracasos?
7. ¿Cuál fue la idea "reveladora" de Jorge? ¿Qué aprendió sobre la responsabilidad de su fracaso y su éxito?
8. ¿De qué forma nos ayuda sentir que somos nosotros los responsables de nuestros éxitos o fracasos?
9. ¿Es fácil pensar que todo está en contra de nosotros? ¿Qué podemos hacer para sanar este sentimiento? ¿Qué hizo Darío?
10. ¿Qué fue lo primero que hizo Darío para cambiar su vida? ¿Podemos hacer lo mismo en nuestra vida ahora?
11. ¿Cuál fue su decisión básica?

Puedo dar fin a este fracaso. Dios está a cargo. Hago lo que El quiere que yo haga y rápidamente me convierto en una persona de éxito. Me pongo en contacto con el éxito y éste es parte de mí porque elimino el fracaso para siempre. Me veo y actúo con éxito. Tengo éxito ahora. ¡Gracias, Dios!

X. La curación de las finanzas

1. ¿Dónde y cómo empezamos a sanar nuestras finanzas?
2. ¿Podemos en realidad (ahora mismo) ser más ricos de lo que creemos? ¿Qué es lo que realmente significa el crédito?
3. ¿Qué actitudes financieras curó Jaime?
4. ¿A qué debemos prestar atención?, ¿a nuestro dinero?, ¿a nuestra falta de dinero?, ¿a nuestros ingresos?, ¿a nuestras deudas?
5. ¿Qué tiene que ver nuestro cambio de idea con la curación de nuestras finanzas? ¿Dónde comienza cualquier curación?
6. ¿Qué aprendió Arturo de José? ¿Podemos, también, aprender nosotros?
7. ¿Tenían problemas los Patriarcas? ¿Cómo los resolvieron?
8. ¿Qué hay en cuanto al diezmo?
9. ¿Significa el diezmo el dar gracias a Dios financieramente? ¿Es el diezmo para pagar deudas?

10. ¿Qué tiene que ver el temor con la carencia? ¿Puede el temor impedir el fluir de dinero? ¿Mantenemos una entrada y salida de dinero perfectas ? ¿Por qué debemos hacerlo?
11. ¿De dónde proviene nuestro dinero?
12. ¿Cómo sanamos nuestras finanzas y las mantenemos saludables?

Dios es mi provisión inagotable, constante e instantánea. El es la fuente de mis ingresos. Recuerdo al Señor porque El es el que tiene poder de hacerme rico. Soy el hijo de un Padre rico que proporciona abundantemente para mí ahora y siempre.

XI. La curación de los demás

1. ¿Cuál es la primera ley que Ana aprendió?, ¿cuál es la segunda?
2. ¿Qué tuvo Ana que volver a aprender sobre las apariencias físicas?
3. ¿Qué tiene que sucedernos antes de que podamos curarnos?

4. ¿Qué aprendió la familia acerca de la curación?
5. ¿Cuánto tiempo debemos esperar antes de poder ayudar a otros con sus necesidades de curación?
6. ¿Por qué es bueno que nunca tengamos que hacer la curación?
7. ¿Qué debemos saber?
8. ¿A quién debemos dirigirnos por curación?
9. ¿Hay una ley de curación para vida y perfección? ¿Cómo hacemos que esa ley funcione?
10. ¿Qué ocurre cuando nos apartamos de las apariencias?
11. ¿Cuál es nuestra parte en la curación?
12. ¿Por qué es necesario que nos mantengamos calmados, muy tranquilos, por dentro y por fuera?
13. ¿Dónde debemos mantener siempre nuestra atención?

Me aparto del horror y del dolor y me dirijo hacia la curación. No presto ninguna atención a las apariencias. Espero curación sin retrasos y ella llega. ¡Gracias, Dios!

XII. La curación puede ser permanente

1. ¿Cuáles son nuestras noticias especiales y buenas?
2. ¿De qué debemos estar seguros?
3. ¿Qué debemos hacer?
4. ¿Qué tiene que ver el estar firme con la curación?
5. ¿Qué tiene que ver la expectación con la curación?
6. ¿Qué daño se puede hacer al pensar que la curación no sea duradera?
7. ¿Dónde tiene que suceder primero la curación permanente?
8. ¿Cómo les participamos a muchas personas nuestro conocimiento de curación?
9. ¿Podemos realmente servir a la humanidad con este conocimiento?
10. ¿Qué significa el apartarse del temor y dirigirse hacia la curación?

11. ¿Somos los sanadores?, ¿somos conocedores?, ¿qué es un conocedor?
12. ¿Cómo podemos sobreponernos a la necesidad de salud?
13. ¿Dónde mantenemos nuestra mente? ¿Nuestra atención?
14. ¿Qué es lo único que debe interesarnos?
15. ¿Qué debemos saber?
16. ¿Cuál debe ser el objetivo de nuestra curación?

Mi curación permanente proviene del maravilloso poder de Dios.

Printed U.S.A. 279-4769-4M-4-94